陈晋精选集

陈 晋 ◎ 著

人民日报出版社
北京

图书在版编目（CIP）数据

陈晋精选集 / 陈晋著 . — 北京：人民日报出版社，2023.8

ISBN 978-7-5115-7972-0

Ⅰ.①陈… Ⅱ.①陈… Ⅲ.①中国共产党—党的建设—文集 Ⅳ.① D26-53

中国国家版本馆 CIP 数据核字（2023）第 171787 号

书　　名：	陈晋精选集 CHEN JIN JINGXUAN JI
作　　者：	陈　晋
出 版 人：	刘华新
策 划 人：	欧阳辉
责任编辑：	万方正
装帧设计：	新成博创 XIN CHENG BO CHUANG
出版发行：	人民日报出版社
社　　址：	北京金台西路 2 号
邮政编码：	100733
发行热线：	（010）65369509　65369527　65369846　65363528
邮购热线：	（010）65369530　65363527
编辑热线：	（010）65369521
网　　址：	www.peopledailypress.com
经　　销：	新华书店
印　　刷：	北京盛通印刷股份有限公司
法律顾问：	北京科宇律师事务所　（010）83622312
开　　本：	710mm×1000mm　1/16
字　　数：	210 千字
印　　张：	19.5
版次印次：	2024 年 4 月第 1 版　2024 年 4 月第 1 次印刷
书　　号：	ISBN 978-7-5115-7972-0
定　　价：	78.00 元

前　言

本书是分四个专题来编选的，共收录三十六篇文章。

第一个专题，"道路与梦想"：从第一篇《中国共产党与中国道路》到第八篇《伟大变革在中华民族发展史上具有里程碑意义》。

第二个专题，"理论和精神的高地"：从第九篇《怎么看中国共产党的历史决议》到第十八篇《红色文化是中国共产党人的鲜明政治标识》。

第三个专题，"迎接新考验"：从第十九篇《谋战略·讲规矩·敢担当》到第二十六篇《百年故事多　三个关键词》。

第四个专题，"怎样读懂中国"：从第二十七篇《读懂中国的改革进程》到最后一篇《有信心和耐心让别人读懂中国》。

这四个专题的文章，比较集中反映了这些年来笔者有关当代理论和实践的一些思考。

本书所选文章，基本上是 2012 年以后写的。2012 年以前写的有关文章，已经收入学习出版社"理论文库"《陈晋自选集》（2013年10月出版）的，不再纳入。

在第四个专题内，收了一组我在对外学术交流中的几篇讲稿（有三篇是2012年以前的），主要谈中国的改革开放、经济社会发展，介绍中国共产党治国理政经验。这些内容与党的十八大以来提倡的"讲好中国故事"有关，交流的方式也不是简单念稿子，结果反而有一些效果。自己觉得，还不算过时，故纳入。

为了避免重复，我对收入本书的文章，基本上做了或多或少的修改。有的是由发表过的长文节选而成，有的改了题目，有的是把两三篇文章按新的思路作了组合，为的是让本书看起来更整齐一些，而不是对旧作的零乱罗列。这是要特别向读者交代的。

感谢人民日报出版社，给我提供编选出版这本书的机会。

陈　晋
2023年8月15日

目录

前　言

中国共产党与中国道路…………………………… 001

从中国道路到中国梦……………………………… 017

中国共产党与中国现代化………………………… 029

中国式现代化七题………………………………… 040

中国式现代化与人类文明新形态………………… 052

中国共产党与人类文明新形态…………………… 063

全面建成小康社会的历史意义和当代启示……… 073

伟大变革在中华民族发展史上具有里程碑意义…… 083

怎么看中国共产党的历史决议……………………090

理论强党一百年……………………………………108

早期中国共产党人的精神气象……………………113

沐浴源头清水　永葆理论自信……………………126

马克思主义在中国的早期传播……………………132

建党精神·精神坐标·精神谱系…………………137

毛泽东诗词与新时代的精神气象…………………150

坚定历史自信走好中国道路………………………157

从一个根据地看党的四种精神……………………162

红色文化是中国共产党人的鲜明政治标识………169

谋战略·讲规矩·敢担当…………………………173

人民与江山…………………………………………188

始终把人民放在心中最高位置……………………197

为什么说群众路线是个"法宝"…………………205

调查研究与中国道路………………………………214

新战略·新理念·新思路…………………………221

做好基层党建这篇既大且实的文章………………225

百年故事多　三个关键词…………………………229

读懂中国的改革进程 ·················· 235

中国的发展是什么样的发展 ············· 243

从全球趋势看中国的发展 ··············· 249

中国共产党长期执政的经验 ············· 254

如何读懂中国的制度建设和社会治理 ········ 263

全过程人民民主在中国的实践 ············ 271

集中力量办大事何以成为显著优势 ········· 281

为什么说中国必然走和平发展道路 ········· 285

何以"胸怀天下" ··················· 291

有信心和耐心让别人读懂中国 ············ 299

中国共产党与中国道路

习近平总书记在庆祝中国共产党成立 100 周年大会上指出："以史为鉴、开创未来，必须坚持和发展中国特色社会主义。走自己的路，是党的全部理论和实践立足点，更是党百年奋斗得出的历史结论。"这个重要论断，启发人们从道路的角度来理解党的历史、现实和未来，是一个很重要的理论课题。

道路决定命运

道路决定命运。世界上任何国家的面貌，是向上腾升还是停滞不前抑或向下滑落，都有轨迹可寻，由道路决定。美好的未来，只有通过科学有效的道路才能够争取得到，把握得到。中华民族和中国人民的奋斗和命运，始终与道路的探索和选择、思考和实践、自觉和自信、坚持和发展息息相关。

近代以后，为了找到能够救国兴国的道路，中国人做了许多尝试和努力。先后有太平天国农民起义、地主阶级内部的洋务运动、资产阶级维新派的戊戌变法、资产阶级革命派的辛亥革命，虽然不同程度上推动了历史的进步，但最终都没有成功走出一条能够救国兴国的道路，都没能解决中国的前途和命运问题。中国人民依然陷入失望和新的期待之中。

新文化运动和五四爱国运动，极大地激发起先进人群寻找新道路的热情和活力；俄国十月革命的成功、马克思主义的传播和中国工人阶级登上政治舞台，为先进人群聚焦到一条科学有效的新道路上面，提供了可能，准备了历史条件。由此，中国共产党在一百年前诞生了。

在中国共产党成立以前，中国社会曾经产生过具有近代政党性质的新兴社团，达到三百多个。在这些组织当中，有不少是想干事、想找路的，并且认为自己找到了正确的道路。但一百年后，回过头来看，除了中国国民党到了台湾，其他的都到哪里去了呢？基本烟消云散。原因何在？因为他们选择的那些道路都走不通，不管用。

唯独中国共产党，怀抱为中国人民谋幸福，为中华民族谋复兴的初心和使命，把事情干成了。成立时"开天辟地"，一路走来，团结带领人民"改天换地"，进而"翻天覆地"，使中华民族和中国人民，迎来了从站起来、富起来到强起来的伟大飞跃。

中国共产党为什么"能"？最根本的原因是，筚路蓝缕、风雨兼程一百年，在理论上做的一件最大的事情，就是实事求是，不断推进马克思主义中国化时代化，让自己的思想灵魂不断与时俱进；在实践中做的一件最大的事情，就是把握时代大势，立足基本国情，解决社会主要矛盾，在革命、建设和改革中，不断探索开创并坚持发展能够救中国、兴中国、富中国、强中国的道路。正是在探路寻路的历史进程中，中国共产党领导人民创造了通往中华民族伟大复兴的通衢大道——中国特色社会主义。

中国特色社会主义的核心要义是什么？党的十八大以前，公开的文献表述为"从理论和实践结合上系统回答了什么是社会主义、怎样建设社会主义"。十八大以后，又增加一句话，即从理论和实践上回答"坚持和发展什么样的中国特色社会主义、怎样坚持和发展中国特色社会主义"。

这条道路，决定着中国共产党、中国人民、中华民族的前途和命运。

走自己的路

走自己的路，是中国共产党百年奋斗得来的历史结论。

习近平总书记2018年1月5日在新进中央委员会的委员、候补委员和省部级主要领导干部学习贯彻习近平新时代中国特色社会主义思想和党的十九大精神研讨班开班式上提出："中国特色社会主义不是从天上掉下来的，而是在改革开放40年的伟大实践中得来的，是在中华人民共和国成立近70年的持续探索中得来的，是在我们党领导人民进行伟大社会革命97年的实践中得来的，是在近代以来中华民族由衰到盛170多年的历史进程中得来的,是对中华文明 5000 多年的传承发展中得来的,是党和人民历经千辛万苦、付出各种代价取得的宝贵成果。"

这里说的"五个得来",由近及远地涉及改革开放史、新中国史、党史、近代史、中华文明史的内涵,揭示出中国道路的历史逻辑、历史厚度和历史必然性。

习近平总书记 2013 年 1 月 5 日在新进中央委员会的委员、候补委员学习贯彻党的十八大精神研讨班开班式上指出:"我们党在革命、建设、改革各个历史时期,坚持从我国国情出发,探索并形成了符合中国实际的新民主主义革命道路、社会主义改造和社会主义建设道路、中国特色社会主义道路,这种独立自主的探索精神,这种坚持走自己路的坚定决心,是我们党不断从挫折中觉醒、不断从胜利走向胜利的真谛。"

新民主主义革命道路。其核心内涵,是"农村包围城市,武装夺取政权"。幼年时期的中国共产党,也有过"路径依赖",以为重演俄国革命从城市到乡村的道路就能成功。在付出巨大代价后,中国共产党才走上新民主主义革命道路。走这条路,是由中国半殖民地半封建社会性质决定的,是由中国社会主要矛盾,即人民大众和帝国主义、封建主义、官僚资本主义之间的矛盾决定的。

经过 28 年艰苦卓绝的斗争,中国共产党在这条路上团结带领人民,推翻了"三座大山",建立了新中国,彻底结束了旧中国半殖民地半封建社会的历史,彻底结束了旧中国一盘散沙的局面,彻底废除了帝国列强强加给中国的不平等条约和帝国主义在中国的一切特权，为实现中华民族伟大复兴创造了根本社会条件。

社会主义和平改造道路。 在创建新中国时，中国共产党把此后一段时间的国内社会主要矛盾，概括为工人阶级和资产阶级、社会主义和资本主义的矛盾。这就意味着，进行社会主义革命，向社会主义过渡，是新中国成立后特别是完成土地改革这一民主革命任务后，必然的前进方向。

1953年，中国共产党不失时机地提出社会主义过渡时期的总路线，其核心内涵是"一化三改"，即搞工业化，对农业、手工业和资本主义工商业进行社会主义改造。这是一条不同于苏联的进入社会主义的道路，我们称之为社会主义和平改造道路。其独创性在于：在农村，组织农业生产合作社；在城市，通过公私合营进而和平赎买，建立国营经济。

基本完成社会主义改造任务，实现了中国历史上最深刻最伟大的社会变革。为什么这样讲？因为自从进入阶级社会以后，中国历史无论怎样变化，都没有改变生产资料私人占有为主的传统。确立以公有制为主体的社会主义基本经济制度，建立起人民当家作主的社会主义社会，实现了中国共产党成立时就确立的改造中国的一个奋斗目标。这个目标的实现，在经济、政治、文化各个方面，为当代中国的一切发展进步奠定了根本政治前提和制度基础。

社会主义建设道路。 1956年基本完成社会主义改造的历史任务后，党的八大宣布，中国社会的主要矛盾，已经是人民对于建立先进的工业国的要求同落后的农业国的现实之间的矛盾，已经是人民对于经济文化迅速发展的需要同当前经济文化不能满足人民需要的状况之间的矛盾。为了解决这个矛盾,毛泽东同志提出,"以苏为鉴",决心把马克思主义和中国实际进行"第二次结合",找出在中国怎样建设社会主义的道路。

社会主义建设时期的理论和实践探索,为中国特色社会主义道路的探索开创,提供了理论准备,如《论十大关系》《关于正确处理人民内部矛盾的问题》;奠定了物质基础,如建立起独立的比较完整的工业体系和国民经济体系;还在经济、政治、文化、社会、国防、外交各个方面,积累了社会主义建设的宝贵经验。

中国特色社会主义道路。找这条路、走这条路的历史依据是,此前的社会主义建设道路,没有探索成功;现实依据是,中国仍然处于并将长期处于社会主义初级阶段;理论依据是,1981年党的第二个"历史决议"提出的,社会主义改造基本完成以后,我国所要解决的主要矛盾,是人民日益增长的物质文化需要同落后的社会生产之间的矛盾。

这个理论依据,对党的八大概括的社会主要矛盾,作了进一步提炼,把"不能满足人民需要的状况"改为"落后的社会生产",由此明确,发展社会生产力,推进社会主义现代化建设,是主要的历史任务。40多年来,党领导人民,毫不动摇坚持以经济建设为中心、坚持改革开放、坚持"四项基本原则"这条社会主义初级阶段基本路线,通过改革开放的伟大实践,找到了、坚持了、发展了中国特色社会主义道路。

中国特色社会主义是党和人民历尽千辛万苦、付出各种代价才"走出来"和"得来的"。党的十八大报告指出,"中国特色社会主义道路,中国特色社会主义理论体系,中国特色社会主义制度,是党和人民九十多年奋斗、创造、积累的根本成就"。所谓根本成就,不仅指它的内容和意义非同一般,也指它是从近代以来、建党以来、新中国成立以来,特别是改革开放以来反复探索和实践中"走出来"的,是在前面三条道路环环相扣、层层累积的基础上开创"得来的"。没有第一条道路的成功,就没有第二条道路的创造;没有第二条道路的成功,就没有第三条道路的探索;没有第三条道路的探索,就没有第四条道路的开创和发展。

一百年来,中国共产党团结带领人民披荆斩棘、一路前行,所探索奋斗的历史主题,比较集中地反映在"找的"和"走的"这四条道路上面。一百年,四条路,塑造了中国共产党、马克思主义、中国特色社会主义的崭新面貌;一百年,四条路,从根本上改变了中国、中国人民、中华民族的面貌。

中国道路的形成和发展过程

邓小平同志1982年在党的十二大开幕词中,第一次提出"中国特色社会主义"这个概念。他说:"走自己的道路,建设有中国特色的社会主义,这就是我们总结长期历史经验得出的基本结论。"

自邓小平同志提出"中国特色社会主义"这个概念,从党的十三大到二十大,八次全国党代会报告的标题分别为:"沿着有中国特色的社会主义道路前进","加快改革开放和现代化建设步伐，夺取有中国特色社会主义事业的更大胜利","高举邓小平理论伟大旗帜，把建设有中国特色社会主义事业全面推向二十一世纪","全面建设小康社会，开创中国特色社会主义事业新局面","高举中国特色社会主义伟大旗帜，为夺取全面建设小康社会新胜利而奋斗","坚定不移沿着中国特色社会主义道路前进，为全面建成小康社会而奋斗","决胜全面建成小康社会，夺取新时代中国特色社会主义伟大胜利","高举中国特色社会主义伟大旗帜，为全面建设社会主义现代化国家而团结奋斗"。

从这些标题中，不难发现，都着意突出"中国特色社会主义"这个关键词。而且，每次党代会的报告，都对中国特色社会主义的内涵，作了创新性的丰富和拓展。正是在这个意义上，我们说中国特色社会主义，是改革开放以来党的全部理论和实践的主题，它的形成和发展，有一个历史过程。

在这一历史过程中，中国特色社会主义有其开创性的标志，即人们常说的"党的十一届三中全会以来"；有其现实的实践积累，即人们常说的不断深入推进的"改革开放"；有其阶段性的前进过程，即20世纪70年代末开始的"成功开创"、两个世纪之交的"成功推进"、21世纪初期的"成功坚持和发展"、党的十八大以来"推动党和国家事业发生历史性变革，取得历史性成就"，从而使中国特色社会主义"进入了新时代"。

这些都是党的文献中的正式表述，是对中国特色社会主义道路形成发展过程的简洁概括。

"中国道路"概念的形成过程

在开创和发展这条道路的过程中，如何定位和表述它，也有一个过程。

邓小平同志多次强调，我们党制定的一系列新的正确的路线、方针和政策，"根本内容就是建设具有中国特色的社会主义"。1984年6月，他明确讲，"总的来说，这条道路叫做建设有中国特色的社会主义的道路。"① 在这前后，关于"这条道路"，邓小平同志分别使用过"中国式的现代化道路""中国的发展道路""中国自己的模式""中国的发展路线""中国的社会主义道路"这样一些概念。意思基本等同于中国特色社会主义道路。

江泽民同志在对外交往中，谈到此前苏联的社会主义道路、西方发达国家的道路、发展中国家在道路问题上的选择时，一般都用"模式"这个概念；谈到中国，则用"社会制度和发展道路"指代中国特色社会主义道路。比如，他在党的十四大报告中指出："各国人民都有权根据本国的具体情况，选择符合本国国情的社会制度和发展道路。"1999年在英国剑桥大学演讲中宣称："中国既不能照抄西方资本主义国家的发展模式，也不能硬搬其他国家建设社会主义的模式，而必须走适合自己国情的发展道路。"

胡锦涛同志在对外交往中，时常用"发展道路""发展模式"来指代中国特色社会主义道路。比如，2004年他在罗马尼亚议会

---

① 《邓小平文选》第三卷，人民出版社1993年版，第65页。

演讲中指出,"应该尊重各国根据各自国情选择的发展道路和发展模式"。2008年提出,要"不断完善适合我国国情的发展道路和发展模式"。这期间,有的文献则直接使用"中国特色社会主义发展道路、发展模式"这个概念。

党的十八大以后,习近平总书记2013年1月5日在新进中央委员会的委员、候补委员学习贯彻党的十八大精神研讨班开班式上指出:"近年来,随着我国综合国力和国际地位上升,国际上关于'北京共识'、'中国模式'、'中国道路'等议论和研究也多了起来。""所谓的'中国模式'是中国人民在自己的奋斗实践中创造的中国特色社会主义道路。"这年3月17日在十二届全国人大一次会议上的重要讲话中,第一次明确用"中国道路"来简称"中国特色社会主义道路",原话是:"实现中国梦必须走中国道路。这就是中国特色社会主义道路。"在这以后,除了重要场合和重要文献中仍然使用全称,通常情况下,人们习惯将中国特色社会主义道路,简称为"中国道路"。

这个简称表明,中国特色社会主义,不仅是一条代表中国共产党基本形象,昭示中国共产党探索奋斗的前进之路,也是党领导人民创造出来的,把中华民族联结成一个"命运共同体"的道路。走这条道路,不仅是当代中国共产党人的坚定信念,也是中国人民的共同愿望和共同理想,是中国社会的最大"公约数"、最大共识。

使用"中国道路"这个简称,在对内对外的宣传上,旗帜鲜明,简洁明了地传达出,道路问题,不仅关乎中国共产党的命脉,更关乎国家前途、民族命运、人民幸福。如果不了解它,就很难认识昨天、今天和明天中国的真实面貌。

使用"中国道路"这个简称,还表明,它与中国的历史文化有关,但不是简单延续这个"母版";它来自马克思主义经典作家有关社会主义的设想,但不是简单套用这个"模板";它汲取了20世纪其他国家社会主义实践的经验教训,但不是其道路的"再版";它适应世界现代化的潮流趋势,但不是西方现代化模式的"翻版"。它符合国情,属于中国。

中国道路的内涵要义和表现形态

中国道路要回答的根本问题是什么?

党的十八大前的文献表述是:"什么是社会主义、怎样建设社会主义"。十八大以后,增加一句话:"坚持和发展什么样的中国特色社会主义、怎样坚持和发展中国特色社会主义"。

如何回答这一根本问题?习近平总书记强调,要把握住一个根本,即"中国特色社会主义是社会主义,而不是别的什么主义"。把握住这一根本后,还要在理论和实践相结合的基础上,去系统回答。而且,答案不是一蹴而就的,是在实践探索中逐步呈现和清晰起来的。

事实上,改革开放后每次党代会报告,都会对中国道路作出新的论述,对它的含义,都有标志性的拓展。如今,中国共产党对中国道路的认识和概括,越来越清晰和明确。大致说来,它有四种表现形态。

一是实践形态。指中国特色社会主义的实现路径，即具有实践性的，涉及改革发展稳定、治党治国治军、内政国防外交方面的大政方针。特别是党在社会主义初级阶段的基本路线，以及在基本路线上延伸出来的，社会主义市场经济、民主政治、先进文化、和谐社会和生态文明"五位一体"总体布局，全面建成小康社会（2021年后改为全面建设社会主义现代化国家）、全面深化改革、全面依法治国、全面从严治党"四个全面"战略布局，等等。

有的实践形态，也用"道路"来标识。其中可分为两层。一层加"中国特色社会主义"，诸如中国特色社会主义政治发展道路、中国特色社会主义文化发展道路、中国特色社会主义法治道路、中国特色社会主义群团发展道路、中国特色社会主义乡村振兴道路。一层只有"中国特色"，诸如中国特色自主创新道路、中国特色新型工业化道路、中国特色农业现代化道路、中国特色城镇化道路、中国特色扶贫开发道路、中国特色国家安全道路、中国特色反腐倡廉道路、中国特色卫生与健康发展道路、中国特色军民融合式发展道路、中国特色大国外交之路。

这些具体道路都不是随意提出来的，它们在实践中都有一个形成和发展过程，都有比较明确的内涵。还没有明确内涵的或者还没有定型的领域，就没有提升到道路上面来表述。这意味着，中国道路的实践，是在探索中不断发展的。

二是理论形态。包括邓小平理论、"三个代表"重要思想、科学发展观、习近平新时代中国特色社会主义思想。习近平新时代中国特色社会主义思想，是党的十八大以来实践经验的集中总结，也是改革开放40多年、新中国成立70多年、中国共产党成立100年来历史经验的深刻凝练，是马克思主义中国化时代化的最新成果，是当代中国马克思主义、21世纪的马克思主义。

三是制度形态。包括中国特色社会主义的制度体系和治理体系。党的十九届四中全会通过的《中共中央关于坚持和完善中国特色社会主义制度，推进国家治理体系和治理能力现代化若干重大问题的决定》，第一次明确概括了中国道路在制度形态上的显著优势，全面回答了在我国国家制度和国家治理体系上应该坚持和巩固什么、完善和发展什么这个重大政治问题。比如，中国道路的政治制度形态，追求的是中国共产党的领导、人民当家作主和依法治国三者的有机统一；它主要有四块"基石"，即人民代表大会制度、中国共产党领导的多党合作和政治协商制度、民族区域自治制度、基层群众自治制度；还有法律体系和依法治国制度、国家行政体制和对政府权力运行的监督体系；最根本的，是中国共产党的领导制度，包括中国共产党自身建设的制度。

四是文化形态。包括中华优秀传统文化，以及在革命、建设、改革中创造的革命文化和社会主义先进文化。发展中国特色社会主义文化，就是要发展面向现代化、面向世界、面向未来的，民族的科学的大众的社会主义文化。

在中国道路的四种形态当中，实践是做法，主要回答，要建设中国特色社会主义，通过什么样的方式和途径才是最有效的，才能较快地接近目标。理论是说法,中国道路是不断总结实践经验,不断进行理论创新的结果。制度是保证,就是把中国道路的成功实践和科学理论,以制度形态固定下来,为治国理政提供依据和动能。文化是基础,就是要为中国道路奠定持久而有亲和力的精神土壤,彰显价值观上的自信和软实力。

可见,中国道路的四种形态不是独自存在的,它们互为表里,互为一体。实践有制度保障,有理论指导,有精神支撑;理论来源于实践并且是实践的行动指南;制度是在中国历史文化传统、现实国情和实践探索的基础上,长期演进的结果,并且蕴含了社会主义核心价值观;从根本上来说,没有成功的实践,理论的科学性会打折扣,制度的优越性难以发挥出来,文化土壤也会缺少营养。

新时代中国道路的前进方向

党的十八大以来,中国特色社会主义进入新时代。中国道路进入新时代,意味着科学社会主义在 21 世纪的中国焕发出强大生机活力;意味着中国道路拓展了发展中国家走向现代化的途径,给世界上那些既希望加快发展又希望保持自身独立性的国家和民族提供了全新选择。

新时代坚持和发展中国道路,有三个基本依据。

一是基本国情依据,即党的文献中表述的总依据,指我国正处于并将长期处于社会主义初级阶段这个当代中国的基本国情,科学发展观、习近平新时代中国特色社会主义思想。习近平新时代中国特色社会主义思想，是党的十八大以来实践经验的集中总结，也是改革开放40多年、新中国成立70多年、中国共产党成立100年来历史经验的深刻凝练，是马克思主义中国化时代化的最新成果，是当代中国马克思主义、21世纪的马克思主义。

三是制度形态。包括中国特色社会主义的制度体系和治理体系。党的十九届四中全会通过的《中共中央关于坚持和完善中国特色社会主义制度，推进国家治理体系和治理能力现代化若干重大问题的决定》，第一次明确概括了中国道路在制度形态上的显著优势，全面回答了在我国国家制度和国家治理体系上应该坚持和巩固什么、完善和发展什么这个重大政治问题。比如，中国道路的政治制度形态，追求的是中国共产党的领导、人民当家作主和依法治国三者的有机统一；它主要有四块"基石"，即人民代表大会制度、中国共产党领导的多党合作和政治协商制度、民族区域自治制度、基层群众自治制度；还有法律体系和依法治国制度、国家行政体制和对政府权力运行的监督体系；最根本的，是中国共产党的领导制度，包括中国共产党自身建设的制度。

四是文化形态。包括中华优秀传统文化，以及在革命、建设、改革中创造的革命文化和社会主义先进文化。发展中国特色社会主义文化，就是要发展面向现代化、面向世界、面向未来的，民族的科学的大众的社会主义文化。

在中国道路的四种形态当中，实践是做法，主要回答，要建设中国特色社会主义，通过什么样的方式和途径才是最有效的，才能较快地接近目标。理论是说法，中国道路是不断总结实践经验，不断进行理论创新的结果。制度是保证，就是把中国道路的成功实践和科学理论，以制度形态固定下来，为治国理政提供依据和动能。文化是基础，就是要为中国道路奠定持久而有亲和力的精神土壤，彰显价值观上的自信和软实力。

可见，中国道路的四种形态不是独自存在的，它们互为表里，互为一体。实践有制度保障，有理论指导，有精神支撑；理论来源于实践并且是实践的行动指南；制度是在中国历史文化传统、现实国情和实践探索的基础上，长期演进的结果，并且蕴含了社会主义核心价值观；从根本上来说，没有成功的实践，理论的科学性会打折扣，制度的优越性难以发挥出来，文化土壤也会缺少营养。

新时代中国道路的前进方向

党的十八大以来，中国特色社会主义进入新时代。中国道路进入新时代，意味着科学社会主义在 21 世纪的中国焕发出强大生机活力；意味着中国道路拓展了发展中国家走向现代化的途径，给世界上那些既希望加快发展又希望保持自身独立性的国家和民族提供了全新选择。

新时代坚持和发展中国道路，有三个基本依据。

一是基本国情依据，即党的文献中表述的总依据，指我国正处于并将长期处于社会主义初级阶段这个当代中国的基本国情，和中国依然是世界上最大的发展中国家这个历史判断。

二是社会主要矛盾依据，即根据基本国情延伸出来的对我国的社会主要矛盾的判断，这就是人民日益增长的美好生活需要和不平衡不充分的发展之间的矛盾。

三是现实发展依据，即我国经济社会进入一个新的发展阶段，它属于社会主义初级阶段中的一个发展阶段。习近平总书记强调："社会主义初级阶段不是一个静态、一成不变、停滞不前的阶段，也不是一个自发、被动、不用费多大气力自然而然就可以跨过的阶段，而是一个动态、积极有为、始终洋溢着蓬勃生机活力的过程，是一个阶梯式递进、不断发展进步、日益接近质的飞跃的量的积累和发展变化的过程。"① 这一重要论述，打开了人们对社会主义初级阶段、对新时代中国道路的认识视野。

明确中国道路的基本依据，有助于理解在新时代坚持和发展什么样的中国道路，怎样坚持和发展中国道路，从而牢固把握中国道路的前进方向。所谓前进方向，就是我们在这条道路上主要做什么，朝着什么样的目标去做。

中国道路是实现我国社会主义现代化的必由之路，实现中华民族伟大复兴的正确道路。靠着这条道路，在中华大地上全面建成了小康社会，实现了党的第一个百年奋斗目标。接下来是朝着党的第二个百年奋斗目标迈进。具体的战略步骤是，分两步走，到2035年基本实现社会主义现代化，到本世纪中叶，即中华人

---

① 《习近平著作选读》第二卷，人民出版社2023年版，第402页。

民共和国成立一百周年时,建成富强民主文明和谐美丽的社会主义现代化强国。

新时代坚持和发展中国道路的历史任务,不只是"迎来",而且要"实现"中华民族、中国人民从站起来富起来到强起来的伟大飞跃。

这就是新时代中国道路的前进方向。

坚持和发展新时代中国道路,必须坚持党的基本理论、基本路线和基本方略。基本方略是党的十九大报告提出来的,一共有14条必须坚持的内容。它总结了中国道路的新鲜经验,涉及生产力和生产关系,经济基础和上层建筑,国内社会关系和国际政治关系各个方面,体现了中国道路在治国理政方面的鲜明特点,也是对新时代中国道路前进规律、途径和方向的具体揭示。

一百年来,中国共产党团结带领人民,沿路而来,也将沿路而去。但正如一位俄国思想家所说那样,"历史的道路不是涅瓦大街上的人行道,它完全是在田野中前进的,有时穿过尘埃,有时穿过泥泞,有时横渡沼泽,有时行经丛林"。

怎么办?在未来的行程中,唯有牢固树立道路自信!

从中国道路到中国梦

（一）中国梦归根到底是人民的梦，实现中国梦必须走中国道路、弘扬中国精神、凝聚中国力量。这是当代中国最耀眼的时代主题。

（二）中国道路，一头连接着国情，一头连接着理想。人们对道路的探索和选择，不会是随意而为，道路更不会凭空而来。它承载着过去，也标示着未来。中国道路反映了中国人现实的共同利益，凝聚着中华民族的共同理想和目标。这就是中国梦。

（三）中国道路是什么？就是中国特色社会主义道路，就是具有实践特色、理论特色、民族特色、时代特色的社会主义道路。从形态构成讲，它是实现途径、理论指导和制度保证三种形态在实践中的有机统一。从宏观规定讲，中国道路的形成和发展，有其总依据、总布局和总任务。从实践领域讲，中国道路是一个体系，由各个领域和不同方面、不同层面的若干具体道路组成。

（四）中国道路的开创和发展，直接源于改革开放新时期的实践和理论创新。如果不准确把握我国正处于并将长期处于社会主义初级阶段这个最大国情，如果不推进改革开放这个伟大实践，如果不奔向中华民族伟大复兴这个根本目标，就不可能有中国道路。习近平总书记参观《复兴之路》展览时提出："改革开放以来，我们总结历史经验，不断艰辛探索，终于找到了实现中华民族伟大复兴的正确道路，取得了举世瞩目的成果。这条道路就是中国特色社会主义。"[①] 中国道路有其明确的实践基础，即我们常说的"改革开放"；有其明确的主题内涵，即我们常说的"什么是社会主义，怎样建设社会主义"。

（五）中国道路是近代以来拯救和发展中国的先进道路逐步演进的历史成果。开创中国道路之前，历史不会是一片空白，道路总会有"源头"征兆。说中国道路其来有自，是指其像中国梦那样，有着历史的承续和承载，是在前人探索的道路基础上开创出来的。

近代以来的仁人志士，对未来中国的期许和梦想，大多强烈而生动。比如，对新中国的畅想，早在1902年就出现了。那年，梁启超在《新小说》创刊号上发表小说《新中国未来记》，以倒叙方式描绘60年后的中国模样。正是在这一年，梁启超还率先使用了"中华民族"这个概念，无意中，把中国的未来和中华民族的命运联系在一起。未来的新中国将会是什么模样呢？无独有偶，一位叫陆士谔的小说家，1910年发表幻想小说《新中国》，

---

① 《习近平谈治国理政》第一卷，外文出版社2018年版，第35页。

讲述主人公酒醉后梦游未来，发现新中国收回所有租界，工人们过上小康日子，有钱人到国外投资，以及黄浦江大桥、浦东开发、上海地铁，这样一些在今天已经做到的事情。无意中，把新中国与中国梦想联系在了一起。

党的十五大把孙中山、毛泽东、邓小平并列为20世纪中国的三位伟人，他们的特殊贡献，恰恰在于分别在各自不同的历史条件下，为拯救和发展中国，卓有成效地实践和探索了先进道路。从三民主义道路到新民主主义道路，从新民主主义道路到社会主义道路，从实践探索适合中国国情的社会主义建设道路到开创中国特色社会主义道路，三位伟人都是从前一代人那里汲取了经验智慧，并看到了前一条道路的不足，而后创新发展，实现历史性的飞跃。说中国道路是几代人"奋斗、创造和积累的根本成就"，真实含义即在于此。

（六）中国道路奠基于从新中国成立到改革开放前这段时间对社会主义建设道路的实践探索。距离开创中国道路时间最近、关系最密、影响最大的，是从新中国成立到改革开放这段时间，我们党对社会主义建设道路的实践探索。

改革开放前后两个30年左右的历史时期，当然不能混为一谈。在探索道路的方式和具体政策上，在工作中心和实际工作内容上，改革开放前和改革开放后，有很大差别。改革开放前对社会主义的实践和探索，开始是照搬苏联模式，带来一些问题，邓小平同志说过："我们很早就发现了，但没有解决好。""没有解决好"，根本说来是指还没有形成一条正确的道路。

但是，不管经历了怎样的曲折，我们绝不能把改革开放前后两个历史时期割裂甚至对立起来。从新中国成立到改革开放前的探索实践，对中国道路来说，不是一种可有可无的承续和承载。

改革开放初期，在开创中国道路的过程中，首先碰到的一个无法回避的难题，是怎样看待新决策、新实践和毛泽东同志那一代人所做探索的关系。这个问题处理不好，要么原地踏步，要么把历史割断，都不利于改革开放的深入实施。在这种情况下，邓小平同志在1980年主持起草党的第二个历史决议的时候提出："从许多方面来说，现在我们还是把毛泽东同志已经提出、但是没有做的事情做起来，把他反对错了的改正过来，把他没有做好的事情做好。今后相当长的时期，还是做这件事。当然，我们也有发展，而且还要继续发展。"① 这段话，概括起来实际就是四句，讲了四层意思，都涉及怎样总结前人经验的问题。

第一层意思，把过去提出来、设想过但没有去做的事情做起来。比如，党的十一届三中全会决定把党的工作重心转移到社会主义经济建设上来，就是党的八大提出和设想过，但后来在实践中没有贯彻下去的思路。又如，毛泽东同志《论十大关系》中提出"向一切国家学习"的思想，但后来由于主客观原因，并没有很好实行。而改革初期最大措施之一，恰恰是对外开放，并把它确定为基本国策。

第二层意思，把过去做错的事情改过来。历史进入新时期的

---

① 《邓小平文选》第二卷，人民出版社1994年版，第300页。

一个重要标志就是果断地停止"以阶级斗争为纲"的口号,彻底否定"文化大革命",这是建设时期做错了的事情。此外,要把建设时期已经遇到的,却因为认识上的原因反对去做的事情改正过来。比如,邓小平同志1977年11月在广东视察时提出:过去许多行之有效、多年证明是好政策的要恢复。不要等中央。邓小平强调"恢复"的好政策,就包括20世纪60年代初在农村一些地区试验过的"包产到户"做法。

第三层意思,把过去做得不够好,但总体上还可以去做的事情进一步完善起来。例如,繁荣科学文化的"双百方针",正确处理人民内部矛盾的问题,毛泽东同志提出来后,都实践过,但后来并没有很好地贯彻。改革开放以后,我们党把这些事情做得更妥当、更周全、更具体、更充分了。

第四层意思,过去没有遇到过,没有设想过,自然也没有做过的事情,现在遇到了,就要及时地研究新情况,解决新问题,作出新决策。这就是邓小平同志说的"我们也有发展"。诸如创办经济特区,建立社会主义市场经济体制,等等。随着时间的推移,新实践、新经验、新决策越来越多。

这四层意思,看似普普通通,却客观地揭示了改革开放后的一些重大战略决策和实践,与过去的决策和实践之间的内在关联。既汲取了历史的营养,又纠正了历史的错误。既没有割断历史,又走出了新路子。这样总结前人的经验,是很科学的。从一个侧面,体现了邓小平同志的战略智慧和领导能力。当时让人信服,当下给人启发。

（七）新中国前30年的探索实践对开创中国道路作出什么样的贡献？对此，党的十八大的概括是："奠定了根本政治前提和制度基础"，"提供了宝贵经验、理论准备、物质基础"。

什么是"根本政治前提和制度基础"？主要指新民主主义革命的胜利，中华人民共和国的创建，社会主义制度的确立。

"理论准备"有哪些？不仅包括实事求是、群众路线和独立自主这些毛泽东思想活的灵魂，还有对一穷二白的中国，社会主义还处于不发达阶段，把国家建设好大概要100年这个最大国情和历史方位的认识；对社会主义社会的基本矛盾和主要矛盾的判断；把党和国家的工作重点转到技术革命和社会主义建设上来，"是一个伟大的革命"的论述；"四个现代化"发展战略目标的提出；遵循价值规律，发展商品经济和做好综合平衡的要求；农业为基础，工业为主导，正确处理农业、轻工业和重工业关系的主张；正确区分和处理敌我矛盾和人民内部矛盾的学说；提倡"百花齐放，百家争鸣"的文化方针等。

关于"物质基础"，则包括建立了独立、较完整的工业体系和国民经济体系，和"两弹一星"等各方面的建设成就。以上，都属于党的十八大报告说的"党在社会主义建设中取得的独创性理论成果和巨大成就"。至于"宝贵经验"，既包括社会主义建设实践中积累的许多正确有效的做法，也包括"文化大革命"那样的严重错误经验。这些都是从实践到理论、从物质到精神不同方面，为中国道路的开创积累了必不可少的直接有用的资源。

20世纪70年代末的中国共产党人，在开创中国道路的过程中,并不是随心所欲地在他们选定的历史条件下进行创新,而是在他们直接碰到的,由毛泽东同志那一代人奠定的基础上开始开创中国道路的。

(八)中国道路的本质灵魂是对科学社会主义基本原则的继承和发展。没有主义,或者这个主义不科学,道路就没有灵魂。中国道路,是马克思主义的科学理论同中国实际和时代特征相结合的产物,是科学社会主义的基本原则和中国社会的历史逻辑的辩证统一。说中国道路其来有自,很重要的一点,是因为它的本质属性和基本原则有其思想来源,有其传承的"道统"。

社会主义思潮诞生以来,人们对它的实践探索,大致经历了六个阶段的发展。其中的"道",就是内容逻辑,主要指科学社会主义的基本原则;所谓"统",就是历史发展过程,主要指科学社会主义在马克思主义、列宁主义、毛泽东思想、中国特色社会主义理论体系这几个阶段的形成发展和具体化。正是从"道统"的角度,我们党一直强调,中国道路的理论体系,即邓小平理论、"三个代表"重要思想、科学发展观、习近平新时代中国特色社会主义思想,和马克思主义、列宁主义、毛泽东思想,既一脉相承,又是与时俱进的发展。

毛泽东同志说过,中国共产党一经成立,"中国就改变了方向"。改变了方向,是因为树立了社会主义这个新方向。中国道路,就是沿着社会主义这个新方向不断前进的结果。从实践探索符合中国国情的社会主义道路,到形成中国特色社会主义道路的历史飞跃中,坚持科学社会主义基本原则没有变。改革开放不是对改革开放前的历史推倒重来,而是一个辩证发展、螺旋式上升的过程,是在回答"什么是社会主义,怎样建设社会主义"这个根本问题上,认识更清楚了而且越来越清楚,实践上更有成效了而且成效越来越明显。不论中国道路怎么发展,都是更好地做到科学社会主义理论逻辑和中国社会发展历史逻辑的辩证统一。

(九)中国道路到哪里去?拥抱中国梦!中国道路是全面建成小康社会、加快推进社会主义现代化、实现中华民族伟大复兴的必由之路。历史是一条通道,现实由此而来。弄清楚中国道路从哪里来,正确理解中国道路的"前世今生"和历史逻辑,不仅有益于我们正确把握中国道路形成和发展规律,更让人明白,它始终是承载着中国梦前进的。因为中国梦既深深体现了今天中国人的理想,也深深反映了近代以来不懈奋斗的中国人追求进步的光荣传统。道路决定命运。找到一条正确的道路多么不容易,我们必须坚定不移地走下去。要实现中国梦,不走中国道路是不可能的。

(十)什么是中国梦?从根本上说来,中国梦就是实现国家富强,民族振兴,人民幸福。具体说来,中国梦就是现代化之梦,社会主义之梦,民族复兴之梦。这三个含义,在党的十八大报告中表述得很清楚。中国道路的总任务是:"实现社会主义现代化和中华民族的伟大复兴"。中国道路的现状是:已经"不可逆转地开启了中华民族不断发展壮大、走向伟大复兴的历史进军"。中国道路的前景是:"促进人的全面发展、逐步实现全体人民的共同富裕,建设富强民主文明和谐的社会主义现代化国家。"在中国梦的三种含义里，现代化是形态，是国家富强；社会主义是灵魂，是人民幸福；民族复兴就是民族振兴，是主体。正是在这个意义上，习近平总书记强调，国家好，民族好，大家才会好。为此，中国梦，是民族的梦，也是每个中国人的梦，归根到底，是人民的梦，必须紧紧依靠人民来实现，必须不断为人民造福。

（十一）为了筑梦，就必须寻路。中国道路从来连接着中国梦，中国道路本就是中国梦的题中应有之义。

中国梦是由近代中国积贫积弱的处境刺激出来的。没有衰落的低谷，就没有在沉沦中奋起的梦想。负责任地构想未来，必然解决走什么路，才可能接近和实现梦想的问题。在更多的情况下，梦想未来、提出目标比较容易，选择走什么路反倒艰难万分，往往要经过曲曲折折的实践探索，才可能找到一条正确的道路。反过来说，道路总是承载着信仰，没有崇高信仰的道路，很容易滑向机会主义，终难走出一片光明的天地。一个简单的逻辑是："梦"不同，"路"必不同；"路"不同，"梦"亦将不同。只有"路"和"梦"的紧密结合，才会使"梦"深刻地承载历史，让"路"正确地对接未来。正是在这个意义上，我们说，中国道路和中国梦一样，寄托着近代以来无数仁人志士的夙愿和期盼，承载着几代中国共产党人的理想和探索。

（十二）在探索积累和开创发展中国道路的过程中，始终贯穿着对民族振兴、国家富强和人民幸福的追求。

中国革命的先行者孙中山第一个提出"振兴中华"的目标，为了实现这个梦想，他找到的是民族主义、民主主义和民生主义道路。其中，民族独立是民族复兴的前提，民主主义则是现代化的基本诉求，节制资本、平均地权，以求"均富"的民生主义，很接近社会主义理想。

毛泽东同志确立的新民主主义道路，目标之一是民族独立、人民解放，"为了使国家复兴"，让"中国人从此站立起来"，这是民族复兴的根本政治前提；目标之二，就是他说的，"我们搞政治、军事仅仅是为着解放生产力"，进而使中国由落后的农业国变成先进的工业国，这是民族复兴在国家现代化进而富强起来方面的体现；目标之三，是大家都熟悉的，走新民主主义道路，是替社会主义创造前提，前途是走向让人们共同富裕的社会主义，这是民族复兴的灵魂，中国梦归根到底是人民的梦，就是在这个意义上讲的。

确立社会主义制度后，毛泽东同志再次探索道路问题，提出，对马克思主义与中国实际，"我们要进行第二次结合，找出在中国进行社会主义革命和建设的正确道路"。对这条道路的目标，毛泽东同志设想的精要是，让社会主义中国"变成一个大强国而又使人可亲"；实现工业、农业、科学文化和国防的现代化，从不发达的社会主义过渡到比较发达的社会主义；民族复兴也不光是自己站起来，强起来，到21世纪后，"中国应当对于人类有较大的贡献"。

进入改革开放和社会主义建设新时期，邓小平同志开创中国道路，一开始就明确，通过改革开放之路，目的是"走出一条中国式的现代化道路"。1984年，他确切地讲，"总的来说，这条道路叫做建设有中国特色的社会主义的道路"。1987年，他又解释说，"只讲四化，不讲社会主义。这就忘记了事物的本质，也就离开了中国的发展道路。"1990年，他再次明白告诉人们："我们集中力量搞四个现代化，着眼于振兴中华民族"。可见，在中国道路的开创过程中，中国梦里实现国家富强的现代化，实现人民幸福的社会主义和民族振兴这三个内涵，一开始就是不能割裂的。

正像人们熟知的那样，到党的十五大，我们党正式把中国道路同"实现中华民族的伟大复兴"这个概念对接起来。十六大以后，我们党进一步把中国道路的社会主义之"梦"，从此前的"富强民主文明"扩展描述为"富强民主文明和谐"。

（十三）中国梦诱人，但绝不虚幻。在中国道路的探索积累和开创发展过程中，国家富强、民族振兴、人民幸福，不仅始终作为目标存在，而且始终是具体的，是由一个又一个阶段性目标连接起来的。比如，围绕"小康"这个阶段性目标，我们先后经历了从解决温饱到小康水平，从小康生活到小康社会，从总体小康到全面小康，从全面建设小康社会到全面建成小康社会，这样一个阶段到又一个阶段的实践行程。以后，我们还要经历从建党一百年时全面建成小康社会，到新中国成立一百年时建成社会主义现代化国家，这"两个一百年"目标的衔接和实践。以上不同的目标概念，语境不同，内涵也不一样，但都反映了中国梦所经历的阶段性特征。到实现第二个一百年奋斗目标的时候，大体就可以称得上中华民族的伟大复兴了。到那时，已经发展到新的阶段的中国，不仅会为维护世界和平、促进世界繁荣作出更大的贡献，中国道路也会为人类的共同价值增加更多的资源和标记。

中国共产党与中国现代化

近代以来，中国是世界现代化潮流中充满悲情的被动追赶者。直到新中国成立，中国共产党掌握了中国现代化进程的主导权，这种局面才得以改变。特别是通过40多年的改革开放，迅速而全面地推进现代化进程，使中国大踏步地赶上时代潮流，实现了从追赶世界到融入世界进而影响世界的历史性跨越。

中国共产党对中国现代化进程的引领和推动，有什么特点，主要体现在哪些方面？这里简述几点。

从充满悲情的被动学习到充满自信的主动探索

1840年中国的大门被迫打开以后，中国便踏上了睁开眼睛看世界，在经济、政治、文化、军事各方面学习西方的曲折道路。向西方学习的目的很明确：追赶世界的现代化潮流。然而，这条路不仅曲折，而且充满悲情。

在向西方学习的过程中,首先遇到的难题是:"老师"总是打学生。开始是一个"老师"打(第一次鸦片战争中的英国),打一次不够又打第二次,而且是两个"老师"一齐上(第二次鸦片战争中的英国和法国)。接下来,那些没有来得及开打的"老师"也红了眼,纷纷来打(如甲午战争中的日本),最后发展到一齐上阵的"群殴",八国联军直接打进了首都北京城。打了后让中国赔款还不算完,阔起来的邻居日本,干脆就明目张胆地侵占中国领土了。

中国的现代化进程由此受到层层阻碍,屡屡被打断。留给中国人的,除了悲情,更有疑问,即毛泽东同志说的,"很奇怪,为什么先生老是侵略学生呢?中国人向西方学得很不少,但是行不通"[1],结果是,"帝国主义的侵略打破了中国人学西方的迷梦"。

走出迷梦,还得寻路。到哪里寻路?结果还是西方。来自西方的马克思列宁主义和俄国革命,由此成为中国先进人群的崭新选择,催生了中国共产党。从那以后,中国的现代化进程得到中国共产党的引领和推动,逐渐开辟出新的天地。

毛泽东同志指出,"自从中国人学会了马克思列宁主义以后,中国人在精神上就由被动转入主动"。这里有两个关键词,一是"学会",即结合中国实际来运用;二是"主动",即走中国自己的路。走中国自己什么样的道路呢?先是开辟中国新民主主义革命道路,然后是探索中国社会主义建设道路,最后是开创、坚持

---

[1] 《毛泽东选集》第四卷,人民出版社1991年版,第1470页。

和发展中国特色社会主义道路。这三条道路里看似没有"现代化"三个字,实际上,都是中国走上自己的现代化道路的前提,或者说,现代化进程是这三条道路中的应有之义。

总体上看,在向西方学习的过程中,中国学了好的,也学了一些不好的;有学得成功的,也有没学成功的;还有压根就不可能搬过来的。这是中国下决心既学西方又走自己道路的历史必然性所在,也是不断推进马克思主义中国化进程的历史必然性所在。中国现代化道路,事实上体现了一般规律和特殊规律的深度融合。

如果从40多年前的改革开放算起,中国的现代化进程,是主动打开大门引进来、主动打开大门走出去的进程,在融入世界的过程中自信地吸收西方进步文明成果,体现了世界各国走向现代化的一般规律。但是,中国的现代化道路最终却是由中国的历史文化、政治国情、经济水平和近代以来的世界环境所决定的,它没有简单依赖此前西方现代化的路径和模式,从而昭示出不同于西方现代化的特殊规律。不打开大门,就没有中国的现代化道路;不坚持走自己的道路,也很难有真正科学有效的打开大门;中国现代化道路既是走中国自己的路,又联结着构建世界命运共同体之路。这些,或许是中国现代化道路给世界提供的"斯芬克斯之谜"。

社会主义革命和建设时期的中国为引领和推动现代化进程做了三件大事

一是构筑中国式现代化进程的制度基础和行政体制。比如,人民代表大会制度、中国共产党领导的政治协商制度、民族区域自治制度。再如,从中央到地方的五级政府治理,由此形成"一竿子插到底"的上下互动和罕见的执政效率;"全国一盘棋"的发展布局和各个地区的有机配合;每隔五年便制定一个具体的国家建设计划或规划,逐步累进,朝着既定目标"一张蓝图"绘到底、干到底,由此形成相应的战略定力。总之,在中国共产党领导下,"一杆子""一盘棋""一张图"这样一些体制运作方式,在今天依然管用,是中国实现现代化的政治前提和治理优势,并且在相当程度上规定了不同于其他国家的现代化路径和前进方向。

二是塑造不同于旧中国的新的社会关系和文明价值取向。比如,移风易俗,反对愚昧迷信;强调社会平等,实现妇女解放;推进义务教育的普及,推崇艰苦奋斗、劳动至上的价值观,等等。事实上,这些都属于中国现代化进程的社会前提和文化准备。

三是基本上形成独立的、比较完整的工业化体系和国民经济体系,进而对中国的现代化道路作了一些初步思考和理论探索。比如,毛泽东同志关于"十大关系"的论述,还提出了工业、农业、国防和科学技术"四个现代化"的发展战略目标。这"四个现代化"目标,依然保留在今天的《中华人民共和国宪法》序言当中。

当然，从新中国成立到改革开放前，在现代化问题上也留下了一个深刻的教训，就是没有在实践上始终如一地把经济建设摆在中心位置。改革开放起步的最突出标志，就是在这个问题上实现了拨乱反正。

改革开放以来不断拓展了中国现代化的理论和实践内涵

40多年前中国共产党领导开启的改革开放，一开始就是和推进社会主义现代化建设紧密联系在一起的。当时的标准表述，叫"进入改革开放和社会主义现代化建设的新时期"。党的十九大报告，依然使用了"改革开放和社会主义现代化建设"这个概念。为推进现代化，改革开放以来，中国共产党始终如一地坚持以经济建设为中心，也就是把解放和发展社会生产力放在中心位置，把建立和完善社会主义市场经济体系作为改革开放的关键环节。习近平总书记在十九大报告中进一步提出，要在完善社会主义市场经济体制的基础上，把建设现代化经济体系作为我国发展的战略目标。

从20世纪80年代开始，中国共产党认识到，中国的现代化不光是经济上的现代化，于是提出物质文明和精神文明两手抓，两手都要硬。到了90年代，又提出物质文明、政治文明、精神文明三个文明。进入21世纪，再提出构建和谐社会，实际上就是社会文明。到2012年党的十八大，又增加了生态文明。这样一来，中国现代化道路便形成了"五位一体"的内容布局。也就是说，改革开放四十多年来，中国现代化进程，是在社会主义市场经济、民主政治、先进文化、和谐社会和生态文明五个方面同时展开的，而不是某一方面的单项突进。就实践重点来看，还形成了全面建成小康社会、全面深化改革、全面依法治国、全面从严治党"四个全面"战略布局。

这里特别要说的是，习近平总书记在2013年提出全面深化改革的总目标，是完善和发展中国特色社会主义制度，推进国家治理体系和治理能力现代化。党的十九届三中全会提出深化党和国家机构改革方案，十三届全国人大一次会议推出宪法修正案、国家监察法，体现了全面从严治党、全面依法治国和全面深化改革的有机统一，是推进国家治理现代化的一场深刻变革，有利于构建更加成熟、更加定型的现代化国家治理结构，有利于新时代中国的现代化脚步稳定地向前迈进。

总之，从过去把建立社会主义市场经济体制当作经济改革的目标，到今天把建设现代化经济体系当作我国经济发展的战略目标，进而把国家治理体系和治理能力现代化当作全面深化改革的总目标，是中国现代化进程中的历史性跨越。

一以贯之又适时调整中国实现现代化目标的"时间表"和"路线图"

中国共产党领导和推动中国现代化进程，有一个很重要的方式，就是战略引领，即制定或调整"时间表"和"路线图"。社会主义革命和建设时期，对实现"四个现代化"目标的时间，开始的构想是50年到100年，后来又说，如果从新中国成立算起，"估计要一百年"。开启改革开放伟大实践后，外国人不理解我们追求的现代化是什么样子，邓小平同志说我们将来实现的是"中国式的现代化"，也就是"小康"。大概觉得"小康"还不能算现代化，邓小平同志就提出"三步走"发展战略。第一步是解决人民的温饱，第二步是让人民生活达到小康水平，第三步是在新中国成立一百年的时候，人民生活比较富裕，基本实现现代化。

中国在1987年提前实现第一步战略任务。从1997年党的十五大开始，中国共产党把建党一百年和新中国成立一百年，作为实现第二步和第三步发展目标的时间节点。2017年，习近平总书记在十九大报告中创造性地提出，在2020年全面建成小康社会以后，再分两步来全面建设社会主义现代化国家，即在2035年基本实现社会主义现代化，2050年把我国建成富强民主文明和谐美丽的社会主义现代化强国。这样一来，实际上形成了"新三步走"的重大发展战略安排，完整地勾画了新时代中国实现现代化的"时间表"和"路线图"。而最终实现的现代化的质量，已经远远高于最初的设想，已经和"两个一百年"的奋斗目标，以及实现中华民族伟大复兴的中国梦，深深地融合在一起了。

最成功的实践和最根本的经验是领导人民开创、坚持和发展了中国道路

中国现代化道路,是中国道路的重要组成部分。中国共产党引领和推动中国现代化进程,关键在引领中国道路。

对发展中国家来说,怎样推动现代化进程,各国政党都积累了自己的想法和做法。所有的想法和做法,实际上都可以归结到一点,就是选择和实践什么样的国家发展道路。因为现代化的未来,只有通过可行有效的国家总体发展道路才能够把握得到。

在这个问题上,中国共产党最成功的实践和最根本的经验,就是探索、开创和坚持发展了一条正确的道路。这条道路的名字,叫中国特色社会主义道路,简称中国道路。

中国道路是围绕什么是社会主义、怎样建设社会主义,坚持和发展什么样的中国特色社会主义、怎样坚持和发展中国特色社会主义这样的基本主题,形成和发展起来的,具体地体现在当今中国的经济、政治、文化、社会、生态等领域的理论、制度和实践当中。

中国道路与中国的历史文化有关,但不是简单延续;它来自马克思主义经典作家的理论,但不是简单套用;它适应世界现代化的潮流趋势,但不是西方现代化模式的翻版。此外,中国道路还汲取了20世纪其他国家社会主义实践的经验教训,最终决定走符合中国国情的社会主义道路。

经过四十多年的实践,中国道路已经成为中国人民的最大共

识，成为把中国人联结成"现代化共同体"的一条道路，因而它是实现中国社会主义现代化、实现中华民族伟大复兴梦想的必由之路。如果不了解它，就很难认识中国现代化进程的本质，很难把握昨天、今天和明天中国的真实面貌。

中国共产党格外珍惜这条道路，认为它代表着中国和中国共产党的基本形象，决定着中国现代化进程的方向和前途。翻阅中国共产党的重要文献就会发现，从1982年党的十二大正式为中国道路确定名字以来，每一次党代会报告，都要在标题上突出"中国特色社会主义"这个关键词，都会对中国道路的理论和实践作出新的论述。2017年党的十九大，标题上突出的是"新时代中国特色社会主义"这个关键词。

党的十九大报告指出，"中国特色社会主义最本质的特征是中国共产党领导，中国特色社会主义制度的最大优势是中国共产党领导"。这揭示了中国共产党的领导与中国道路、中国现代化进程的内在关系。

中国共产党引领中国道路，有很多途径和方式。其中很重要的是思想领导、政治领导和政策领导。

思想领导是为中国道路的实践提供理论指引。国家的发展道路如果没有历史和逻辑相统一的理论支撑，就会零乱无序而前行受挫。我们在谈论中国道路的时候，总是要先谈到中国特色社会主义理论体系。党的十九大最重大的理论贡献，就是明确概括了习近平新时代中国特色社会主义思想的基本内容，并把它确定为必须长期坚持并不断发展的指导思想。

政治领导是为中国道路的实践提供制度保证。中国共产党是最高的政治领导力量，领导国家建立起人民代表大会制度等一系列制度体系。当前，中国正全力推进的全面深化改革，目标就是坚持和完善中国特色社会主义制度，不断推进国家治理体系和治理能力现代化。与此同时，坚持和完善党的领导制度体系。例如，党的十九大报告明确"协商民主是实现党的领导的重要方式"。

政策领导是为中国道路的实践提供具体"路线图"。其中，包括各个领域的发展目标和实现这些目标的具体途径。比如，为确保2020年中国现行标准下农村贫困人口实现脱贫，全面建成小康社会，中央制定了非常详细精准的扶贫政策。为落实中央政策，中国有19.5万党政机关干部到各地的贫困村担任党支部第一书记。在现代化进程中，随着一些阶段性目标的实现，中国道路必然会出现具有不同时代特征的变化。所以，中国特色社会主义道路进入新时代，党的十九大对新时代中国各个领域的现代化进程提出了新政策、新任务。

中国现代化进程带给我们的启示

中国共产党的领导是中国现代化进程的最本质特征和最大政治优势。稳定的政治领导力量，有效的治理体系，可行的发展战略，是顺利推进现代化的重要保障。

现代化是一个不断探索、渐进积累的过程，人们对现代化内容的认识，对现代化道路的认识，是在逐步扩展和深化的过程中成熟起来的。习近平新时代中国特色社会主义思想，就包括新时代中国改革开放和社会主义现代化建设的思想。

现代化的硬指标固然是经济发展和社会生产力水平提高，但健康的高质量的现代化，不只是经济积累和生产力发展，还包括经济、政治、文化、社会、生态各个领域的良性互动和全面进步。

世界现代化潮流，存在着不同的路径和模式，绝不只有西方一种。正是在这个意义上，习近平总书记在党的十九大报告中提出，"中国特色社会主义道路、理论、制度、文化不断发展，拓展了发展中国家走向现代化的途径，给世界上那些既希望加快发展又希望保持自身独立性的国家和民族提供了全新选择"[①]。

---

① 《习近平谈治国理政》第三卷，外文出版社2020年版，第8—9页。

中国式现代化七题

党的二十大报告指出，从现在起，中国共产党的中心任务就是团结带领全国各族人民全面建成社会主义现代化强国、实现第二个百年奋斗目标，以中国式现代化全面推进中华民族伟大复兴。这两句话实际上互为一体，关键词都是"现代化"。现代化既是建成社会主义现代化强国的应有之义，也是中华民族伟大复兴的实现方式。这个中心任务，顺理成章地延伸出一个重大理论和实践课题：我们要实现的现代化是什么样的现代化、怎样实现现代化。答案很明显，就是不断推进和拓展中国式现代化。党的二十大报告概括提出并深入阐述中国式现代化理论，是以习近平同志为主要代表的中国共产党人，总结长期历史经验得出的基本结论，是新时代中国在推进现代化实践中的重大理论创新，是科学社会主义的最新重大成果。

中国式现代化形成的历史逻辑

中国式现代化是中国共产党经历长期探索实践作出的历史性选择和取得的重大历史性成果。早在20世纪40年代,毛泽东同志就提出,"我们共产党是要努力于中国的工业化的","使中国由农业国变为工业国"。新中国成立后,他又提出并详细阐述了"中国工业化的道路"。从20世纪50年代后期开始,我们党逐步形成工业、农业、国防、科学技术"四个现代化"的发展战略。1978年,实现"四个现代化"写入《中华人民共和国宪法》,至今保留在序言当中。

对什么是现代化、怎样实现现代化,中国共产党总是立足于国情,关注世界现代化潮流,与时俱进地进行总结和思考。1978年9月,邓小平在会见金日成时指出:"什么叫现代化?50年代一个样,60年代不一样了,70年代就更不一样了。"特别是在出访日、美期间,他感慨地说:"我懂得什么是现代化了。"1979年,邓小平同志创造性地提出了"中国式的现代化"这个概念,同时把它同建设小康社会的目标联系在一起。以上,就是中国式现代化形成的历史逻辑。

中国式现代化与全面建设小康社会的内在联系

习近平总书记在2015年党的十八届五中全会上指出:"改革开放之初,邓小平同志首先用小康来诠释中国式现代化,明确提出到20世纪末'在中国建立一个小康社会'的奋斗目标。"这个概括，指的是邓小平同志1984年3月说的："到本世纪末在中国建立一个小康社会。这个小康社会，叫做中国式的现代化。"

用小康社会来诠释中国式现代化，有三点要义值得注意。一是，中国当时要实现的现代化，是基于中国国情提出来的，不会完全走西方那样的现代化路子，目标也不是西方发达国家已经达到的那种水平。二是，小康社会目标，只是推进中国式现代化发展历史进程中一个阶段性标识，是中国式现代化发展战略分"三步走"的第二步要达到的成就和水平。三是，小康社会的建设，表明中国式现代化追求的，不只是经济上的发展、工业文明的提升和物质技术上的进步，还包括人民生活水平和精神文明的提升，包括社会的全面进步和人的全面发展。

为实现中国式现代化第二步发展战略，从2002年党的十六大到2017年党的十九大，四次党代会报告的标题，都明确宣示全面建设小康社会这个主题。十六大是"全面建设小康社会，开创中国特色社会主义事业新局面"；十七大是"高举中国特色社会主义伟大旗帜，为夺取全面建设小康社会新胜利而奋斗"；十八大是"坚定不移沿着中国特色社会主义道路前进，为全面建成小康社会而奋斗"；十九大是"决胜全面建成小康社会，夺取新时代中国特色社会主义伟大胜利"。这说明，全面建设小康社会是那个时期中国式现代化的前进方向，是那个时期的"中心任务"。

中国式现代化在不断推进和拓展中取得创新突破

从"小康之家"发展为"小康社会",从"总体小康"提升为"全面小康",从"全面建设"推进到"全面建成"。在全面建设小康社会的奋斗实践中,中国共产党不断丰富和深化对什么是小康社会、怎样建设小康社会的认识。这个历史进步过程,也是拓展和深化中国式现代化内涵的过程。在宣布全面建成小康社会的时候,推进中国式现代化所积累的经验,达到的水平,已经远远不是当年设想的那种情况了。由此,提出新的"中心任务",标示中国式现代化下一步前进方向,进而对中国式现代化的内涵、特点、本质进行新的概括和阐述,就成为中国共产党需要去回答的时代性课题。

党的十八大以来,中国共产党站在新的历史起点上,着眼于中国式现代化发展实际,敏锐抓住并回答这个时代性课题。在2020年十九届五中全会讨论"十四五"规划时,习近平总书记第一次论述了中国式现代化的五个特征,第一次提出要"以中国式现代化推进中华民族伟大复兴"。二十大报告,对中国式现代化的中国特色、本质要求和重大原则,又进一步作了全面阐述,报告从12个方面阐述了新时代新征程上继续推进中国式现代化的重大部署。这些都表明,中国特色社会主义新时代成功推进和拓展中国式现代化,在理论和实践上取得创新突破。

第一,不断深化对中国式现代化的认识。这主要体现在创立了习近平新时代中国特色社会主义思想,为概括和理解中国式现代化提供了符合时代要求和历史逻辑的世界观、方法论,使中国式现代化的理论和实践,更加清晰,更加科学,更加可感可行,初步构建起中国式现代化的理论体系。

第二,不断完善推进中国式现代化的战略。例如,先后提出并实践统筹推进"五位一体"总体布局,协调推进"四个全面"战略布局;提出以人民为中心的发展思想,明确我国社会主要矛盾是人民日益增长的美好生活需要和发展不平衡不充分之间的矛盾,并紧紧围绕这个社会主要矛盾推进各项工作;提出并推动贯彻新发展理念,着力推进高质量发展,推动构建新发展格局;深入实施科教兴国战略、人才强国战略、乡村振兴战略等一系列重大战略;作出全面建设社会主义现代化国家分两步走的战略安排。所有这些,都为中国式现代化提供了坚实的战略支撑。

第三,不断丰富中国式现代化的实践,并取得重大成就。这主要体现在通过一系列变革性实践,战胜一系列风险挑战,激发起建设中国式现代化的强劲动力,推动党和国家事业取得历史性成就,发生历史变革。特别是消除了绝对贫困,全面建成小康社会,在党史、新中国史、改革开放史、社会主义发展史、中华民族发展史上具有里程碑意义,在中国式现代化的发展史上具有里程碑意义。

总之,中国式现代化,既是理论结晶,又是实践形态,是党的理论和实践创新成果。

中国式现代化的中国特色

世界现代化进程有其一般规律，在物质技术和社会生活进步上也有其基本标准。我们推进的现代化之所以是"中国式"的，除了前面讲的它形成的历史逻辑外，更在于，独特的文化传统、独特的历史命运、独特的基本国情，注定了中国必然要推进适合自己国情的现代化。中国式现代化既是发展道路，也是前进方向；既是中华民族伟大复兴的实现方式，也是中华民族发展史上令人鼓舞的奋斗目标；既不是其他国家社会主义实践的再版，也不是国外现代化发展的翻版；既不走封闭僵化的老路，也不走改旗易帜的邪路，而是坚持在中国特色社会主义道路上实现现代化。

为此，党的二十大报告阐述了中国式现代化的五个中国特色。

"人口规模巨大"，表明中国式现代化是立足于我国社会主义初级阶段人口多、底子薄的基本国情作出的必然选择，而不是西方现代化理论逻辑推演的结果。因而，必须独立自主地把发展命运前途牢牢掌握在自己手中，必须比别的国家付出更艰辛努力和更多历史耐心来扎实推进中国式现代化。

"全体人民共同富裕"，表明中国式现代化是以人民为中心、防止两极分化的现代化，而不是以资本为中心、缺少公平正义的现代化。因而，要以全体人民而不是少数人的富裕为奋斗方向，坚持把实现人民对美好生活的向往，作为现代化建设的出发点和落脚点。

"物质文明和精神文明相协调"，表明中国式现代化是促进物的全面丰富和人的全面发展的现代化，而不是物质主义过度膨胀，像西方社会学家描述的那样只是"单向度的人"发展的现代化。因而，要拒绝拜金主义，拒绝精神空虚和堕落，追求国家物质力量和精神力量相互促进、人民物质生活和精神生活双双提升。

"人与自然和谐共生"，表明中国式现代化是把人与自然视为生命共同体，富强中国和美丽中国相统一的现代化，而不是像西方现代化初期那样恶化人与自然的关系、无止境地向自然索取甚至破坏自然的现代化。因而，要坚定不移走生产发展、生活富裕、生态良好的文明发展道路。

"走和平发展道路"，表明中国式现代化是高举和平、发展、合作、共赢旗帜的现代化，不同于历史上一些国家国强必霸，通过战争、殖民、掠夺给发展中国家人民带来深重苦难的现代化。因而，我们要坚定地站在历史正确的一边，在维护世界和平与发展中谋求自身发展，又以自身发展更好维护世界和平与发展。

这五个中国特色，深刻揭示了中国式现代化的科学内涵。既是理论概括，也是实践要求，为全面建成社会主义现代化强国、实现中华民族伟大复兴指明了一条康庄大道。

中国式现代化的本质要求

中国式现代化的五个中国特色，缘何而生，何以彰显？盖源自其本质要求。党的二十大报告提出九条中国式现代化的本质要求，是从更加宏观的层面对中国式现代化作属性的规定、内容的规范和愿景的引导,揭示出中国式现代化为什么具有前述五个中国特色,怎样才能保证其中国特色在实践中得以落实,进而确保在建设社会主义现代化国家的新征程上,避免战略性颠覆性失误,使中国式现代化沿着正确道路和方向行稳致远,有效拓展。

可以从三个方面,来认识和把握中国式现代化的本质要求。

坚持中国共产党领导,坚持中国特色社会主义,这两个本质要求,揭示出中国共产党领导的中国特色社会主义现代化的根本属性。中国式现代化是在中国共产党领导下创造出来的,党的领导直接关系到中国式现代化的根本方向、前途命运、最终成败,为保证中国式现代化在前进中不偏离方向,迎来光明前景,必须毫不动摇地坚持党的领导。中国共产党领导是中国特色社会主义最本质的特征,是中国特色社会主义制度的最大优势,当然也是中国式现代化的最本质特征和最大政治优势。中国共产党领导的中国式现代化,从来都是社会主义现代化,而不是别的什么主义的现代化,它是在坚持和发展中国特色社会主义的条件下形成和发展起来的,也只有融入中国特色社会主义理论和实践,才能行稳致远,才能在不断的改革创新中获取强劲的发展动力。

实现高质量发展,发展全过程人民民主,丰富人民精神世界,实现全体人民共同富裕,促进人与自然和谐共生,这五个本质要求,体现了中国特色社会主义经济、政治、文化、社会、生态文明"五位一体"总体布局中,与现代化密切相关的核心内容,它们既属于中国式现代化的科学内涵,也属于中国式现代化的推进方向。

推动构建人类命运共同体,创造人类文明新形态,这两个本质要求,体现了中国式现代化"胸怀天下"的本色和为人类实现现代化提供新选择的使命担当,是从世界意义和文明发展角度,对中国式现代化的外溢功能和作用作的定位。

中国式现代化在世界现代化进程中的深远影响

强调中国式现代化的中国特色和本质要求,绝不是说它是在一个封闭环境中创造出来和发展起来的,恰恰相反,它是自主的,也是开放的。既向中国的历史文化契合点开放,也向世界现代化的一般规律开放,更向中国式现代化的下一步行程中的实践开放。

中国式现代化在与世界现代化进程的互动和比较中脱颖而出,并且吸收了各国现代化的正确经验,因而拥有各国现代化的共同特征。所谓共同特征,是指现代化的一般规律和相似途径,涉及物质技术进步规律,工业化、城市化、信息化规律,经济活动领域让市场在资源配置中起决定性作用,优化生产要素之间的协调配合,坚持和扩大对外开放的基本国策,以高质量发展提升现代化国家建设水平,等等。为此,继续推进好拓展好中国式现代化,要以海纳百川的宽阔胸襟借鉴吸收世界现代化进程中创造出的一切优秀文明成果。

中国式现代化的理论和实践,体现了世界现代化进程的一般规律和中国具体实际的高度结合,证明几百年世界现代化的进程,不是只有西方一条道路,一种模式,一套标准和内涵。这是中国为世界现代化进程作出的重大贡献,是中国共产党和中国人民为解决人类面临的共同问题,贡献的中国智慧和中国方案。

强调中国式现代化的中国特色和本质要求,彰显了新时代中国应有的道路自信、理论自信、制度自信和文化自信,同时,在理论和实践上回应了西方现代化的缺陷和西方现代化理论对其缺陷的掩盖;动摇了把现代化等同于西方化的迷思和产生这一迷思的西方叙述话语体系;展现了现代化不同于西方的另一幅现代化图景,拓展了发展中国家走向现代化的途径,给世界上那些既希望加快发展又希望保持自身独立性的国家和民族提供了新的选择。所谓新的选择,就新在兼顾效率与公平;新在现代化腾飞与社会秩序稳定的有机结合;新在它蕴含了独特的世界观、价值观、历史观、文明观、民主观、生态观;新在它彰显了人类道义高点和全人类共同价值,代表了人类文明进步的发展方向;新在它用可靠管用的制度体系来支撑现代化进程不被打断,遇到问题及时调整,画出重点难点协调攻关,设立目标坚持下去,拥有强大的战略定力和战略执行力全面推进现代化进程。

中国式现代化,归根结底是中国共产党领导的社会主义现代化

现代化是中国近代以来的基本诉求。实现什么样的现代化,怎样实现现代化,在中国始终存在着一个举什么旗、走什么路、选择什么样的社会制度、奔向什么样的文明愿景这样一些根本

问题。

中国人追求现代化，是从近代遭遇国家蒙辱、人民蒙难、文明蒙尘后开始的。为救亡图存，一开始是"睁眼看世界"，向西方学习。中国的现代化，在西方模式的招引下，经过洋务运动、戊戌变法、清末新政、辛亥革命、新文化运动这样一些道路和方向性的探索，直至新中国成立前，总体上说，都是在西方资本主义文明框架内来追求和探索现代化道路的，虽有所累积进步，但都没有走出成功的路子。

探索中国现代化道路的重任，历史性地落在了中国共产党人身上。新民主主义革命的胜利，为实现现代化创造了根本社会条件。社会主义革命和建设时期，为现代化建设奠定了根本政治前提。所谓政治前提，就是在什么样的社会制度基础上，在什么样的政党领导下来推进现代化建设。同时，这个时期还为现代化建设提供了宝贵经验、理论准备和物质基础，树立起中国现代化的大方向，这就是追求社会主义现代化建设。改革开放和社会主义现代化建设时期，为中国式现代化的发展，提供了充满新的活力的体制保证和快速发展的物质条件。中国特色社会主义新时代，为中国式现代化提供了更为完善的制度保证、更为坚实的物质基础、更为主动的精神力量。

中国式现代化的发展历史表明，中国共产党的领导，决定了中国式现代化的根本性质；科学社会主义的理论和实践，是不断推进和拓展中国式现代化的基础航道。

改革开放以来，中国式现代化和中国特色社会主义是一体推进和拓展的。什么是社会主义，怎样建设社会主义；实现什么样的现代化，怎样实现现代化，在理论逻辑和实践推进中是连在一起，不可能分开的。中国式现代化的中国特色和本质要求，实际上体现了中国特色社会主义的科学内涵和基本属性。中国特色社会主义是中国人民的共同理想，中国式现代化是这一共同理想的重要标识；中国特色社会主义是社会主义而不是别的什么主义，中国式现代化本质上是社会主义现代化；中国特色社会主义是改革开放以来全部理论和实践的主题，中国式现代化是这个主题的重要组成部分，不断推进和拓展中国式现代化丰富和发展了这个主题；明确以中国式现代化推进中华民族伟大复兴，明确中国特色社会主义是实现中华民族伟大复兴的必由之路，说明二者的地位作用和历史意义也是相似的，都属于中华民族伟大复兴的实现途径和实现方式，为中华民族伟大复兴开辟了广阔前景，是强国建设、民族复兴的唯一正确道路。

  立足中华民族伟大复兴的战略全局和世界百年未有之大变局，来体会中国式现代化对中国和世界的深远影响，从中感受到的，是中国共产党和中国人民在推进和拓展中国式现代化的历史进程中，彰显出来的历史自觉、历史自信、历史主动、历史创造的昂扬精神。当然，推进中国式现代化是一个探索性事业，还有许多未知领域，需要我们在实践中去大胆探索，拓展它的发展空间。在这个过程中，守好中国式现代化归根结底是中国共产党领导的社会主义现代化这个本和源、根和魂，至关重要。

中国式现代化与人类文明新形态

在新中国成立特别是改革开放以来长期探索和实践基础上，经过党的十八大以来在理论和实践上的创新突破，我们党成功推进和拓展了中国式现代化，创造了人类文明新形态。作为新的重大命题，中国式现代化与人类文明新形态在多个重要场合被提及。本文主要谈谈中国式现代化与人类文明新形态的关联，以及对人类文明新形态的一些理解。

中国式现代化与人类文明新形态：一体表达、互为印证的理论和实践范畴

在庆祝中国共产党成立 100 周年大会上，习近平总书记指出："我们坚持和发展中国特色社会主义，推动物质文明、政治文明、精神文明、社会文明、生态文明协调发展，创造了中国式现代化新道路，创造了人类文明新形态。"这是首次把中国式现代化与

人类文明新形态,放在一起加以强调。

此后,党的十九届六中全会通过的《中共中央关于党的百年奋斗重大成就和历史经验的决议》指出,"党领导人民成功走出中国式现代化道路,创造了人类文明新形态,拓展了发展中国家走向现代化的途径"。

党的二十大报告中两处谈到人类文明新形态,一处是把"不断丰富和发展人类文明新形态"作为新时代党和国家事业战略部署的重要内容,一处是把"创造人类文明新形态"列为中国式现代化本质要求之一。

2023年2月,习近平总书记在新进中央委员会的委员、候补委员和省部级主要领导干部学习贯彻习近平新时代中国特色社会主义思想和党的二十大精神研讨班开班式上强调:"中国式现代化,深深植根于中华优秀传统文化,体现科学社会主义的先进本质,借鉴吸收一切人类优秀文明成果,代表人类文明进步的发展方向,展现了不同于西方现代化模式的新图景,是一种全新的人类文明形态。"这一重要论述,阐述了现代化和文明形态、中国式现代化与人类文明新形态之间的关系。二者的逻辑等式关联在哪里呢?习近平总书记指出,中国式现代化"为人类对更好社会制度的探索提供了中国方案。中国式现代化蕴含的独特世界观、价值观、历史观、文明观、民主观、生态观等及其伟大实践,是对世界现代化理论和实践的重大创新"。这里谈到了制度关联、思想文化关联,由此使中国式现代化与人类文明新形态相通关系更具体化。

2023年6月，习近平总书记在文化传承发展座谈会上的重要讲话，虽然没有专门论述中国式现代化和人类文明新形态，但其中多次谈到中华文明、世界文明、中华文明的突出特性、中华文明发展规律、中国式现代化的文化形态、新的文化生命体、新时代新的文化使命等概念和范畴，特别是强调"建设中华民族现代文明"，这对我们理解中国式现代化与人类文明新形态的关系，无疑具有重要启发意义。

中国式现代化和人类文明新形态，既是理论范畴，也是实践范畴，二者互为印证，在内涵上是难以分割的。这两个范畴大体上也是被一体概括和提炼出来的，都是在统筹推进"五位一体"总体布局，推进物质、政治、精神、社会、生态"五大文明"建设实践中，逐步形成和明确的。当然，对这两个范畴的内涵揭示，也经历了一个从"并列表达"到"相互结合"的过程。目前对"中国式现代化"的系统阐述中，往往是在谈到中国式现代化的中国特色、本质要求，特别是中国式现代化与生俱来的中华优秀传统文化基因和蕴含的独特世界观、价值观、历史观、文明观、民主观、生态观时，引出"人类文明新形态"这个范畴的。

现代化是创造某种文明形态的过程，也是某种文明形态形成的标识，因而，一定意义上它本身就是一种文明形态。关于文明，从历史和地域上讲，有古希腊文明、古埃及文明、两河文明、中华文明等的区别。从生产生活方式上讲，有游牧文明、农耕文明、工业文明之分，现在学术界还有后工业文明、后现代文明的说法。中国式现代化理论和实践，自然地延伸出相应的文明特色。从文化、文明的高度，体会和理解中国式现代化，进而提炼它的内容规定性及本质要求，不仅是彰显文化自信的问题，还有其历史必然性和实践依据，是符合中国式现代化创造的现代化图景的本来面貌的。

从根本上说，以中国式现代化全面推进中华民族伟大复兴的历史进程，一定会创造人类文明新形态。中国式现代化代表人类文明进步的发展方向，或者说，中国式现代化本身就是人类现代化图景中一种新的文明形态。中国式现代化既有各国现代化的共同特征，更有基于自己国情的鲜明特色，它既是创造人类文明新形态的途径，也是人类文明新形态的标识性内容。

中国共产党在领导探索和推进中国式现代化历史进程中，为什么能够创造人类文明新形态

历史进程。习近平总书记在庆祝中国共产党成立100周年大会上指出，中国近代历史曾遭遇"国家蒙辱、人民蒙难、文明蒙尘"。这里说的文明蒙尘，就是指中华文明在融入世界现代化潮流后的初始境遇。为救亡图存，中国人开始只能向西方学习。中国的现代化，经历过洋务运动、戊戌变法、清末新政、辛亥革命、五四新文化运动等探索，总体上说，都是在西方资本主义文明框架内追求和探索现代化道路的。但这也说明，中国的现代化理论和实践，是从近代以来逐步开始自觉推动的。

这种自觉在20世纪30年代中国知识界的思考中十分明显。

1933年7月，知识界发起一场讨论，并提出几个问题：第一，中国的现代化要具备哪些先决条件；第二，中国的现代化是在个人主义的基础上搞现代化，还是以社会主义的方式搞现代化；第三，外国资本和国民资本在中国的现代化中到底起什么作用。这些问题得出三种回答：第一，主张搞社会主义式的中国现代化；第二，主张搞资本主义式的中国现代化；第三，主张搞社会主义和资本主义结合起来的中国现代化。

事实上，在此之前也包括此后的长期奋斗，中国共产党实际上就是在解决一个问题，即怎么为中国的现代化创造条件，也就是在回答那场讨论中提出的解决哪些先决条件的问题。把理论和实践结合起来探索和推进现代化的历史重任，不可避免地落到中国共产党人的身上。新民主主义革命的成功，为中国现代化创造了根本社会条件，再经历社会主义革命和建设的展开，改革开放和社会主义现代化建设的推进，中国特色社会主义新时代的创新突破，中国式现代化更加清晰、更加科学、更加可感可行，与此相应，一种新的人类文明形态也越来越清晰、越来越科学、越来越可感可行。中国式现代化的五个中国特色和九个本质要求，实际上就是对这种人类文明新形态理论和实践特征的概括。

思想基础。在推进和拓展中国式现代化进程中，中国共产党着眼于马克思主义基本原理同中国具体实际、同中华优秀传统文化的"两个结合"，这是形成人类文明新形态的思想基础。

中国共产党人是中华民族的优秀儿女，不仅在中华优秀传统文化的继承、弘扬、发展上拥有高度的自觉，在中华民族现代文明的创造、积累和发展上拥有巨大的勇气、责任心和使命感，而且把马克思主义写在自己的思想旗帜上，精神上由被动变为了主动，更加自觉和有效地把马克思主义基本原理同中国具体实际、同中华优秀传统文化进行结合。

"两个结合"，在实践和政策上，从党的二大提出明确的民主革命纲领就开始了。在理论上自觉和成熟的标志是1938年正式提出"马克思主义中国化"这个号召。毛泽东同志在党的六届六中全会上发表的讲话中是这样论述的："今天的中国是历史的中国的一个发展；我们是马克思主义的历史主义者，我们不应当割断历史。从孔夫子到孙中山，我们应当给以总结，承继这一份珍贵的遗产。""马克思主义必须和我国的具体特点相结合并通过一定的民族形式才能实现。……使马克思主义在中国具体化，使之在其每一表现中带着必须有的中国的特性，即是说，按照中国的特点去应用它。"①

毛泽东同志这里论述的中国的特点特性，就包括中国文化的特点特性。因此，中国的具体实际，自然也包括文化国情方面的实际。正因为有这样的自觉，共产国际1943年5月宣布解散，中国共产党5月26日发出《中共中央关于共产国际执委主席团提议解散共产国际的决定》，并明确指出，"中国共产党人是我们民族一切文化、思想、道德的最优秀传统的继承者，把这一切优秀传统看成和自己血肉相连的东西，而且将继续加以发扬光大。

---

① 《毛泽东选集》第二卷，人民出版社1991年版，第534页。

中国共产党近年来所进行的反主观主义、反宗派主义、反党八股的整风运动就是要使得马克思列宁主义这一革命科学更进一步地和中国革命实践、中国历史、中国文化深相结合起来"。这明确了中国共产党是中华优秀传统文化的继承者和弘扬者,明确提到要把马克思主义同中国历史、中国文化结合起来。

进入新时代,习近平总书记以巨大的理论勇气提出"两个结合",并强调:"中华优秀传统文化是我们党创新理论的'根',我们推进马克思主义中国化时代化的根本途径是'两个结合'。"探索、开创、发展中国特色社会主义道路,是中国共产党成立以来取得的根本成就。习近平总书记强调:"如果没有中华五千年文明,哪里有什么中国特色?如果不是中国特色,哪有我们今天这么成功的中国特色社会主义道路?"这就说明,无论是中国式现代化,还是人类文明新形态,都离不开中华优秀传统文化的支撑与滋养。此外,习近平总书记还就为什么强调"两个结合"、同什么样的传统文化相结合、能不能结合、怎样结合等一系列问题作了论述。在文化传承发展座谈会上,习近平总书记进一步强调,"'结合'的结果是互相成就","造就了一个有机统一的新的文化生命体","让马克思主义成为中国的,中华优秀传统文化成为现代的,让经由'结合'而形成的新文化成为中国式现代化的文化形态"。这里说的新的文化生命体和中国式现代化的文化形态,正是培育、涵养和塑造"人类文明新形态"的思想文化土壤。

精神品格。党的二十大报告以"六个必须坚持"阐述了习近平新时代中国特色社会主义思想的世界观和方法论,其中之一就是"必须坚持胸怀天下",只有胸怀天下,才能够为人类创造文明新形态,才能够为人类作出更大贡献。胸怀天下有两层含义:一是吸收别人的东西;二是把自己的东西在世界舞台上去运用、去贡献,为解决全人类共同面临的问题拿出中国方案。"人类文明新形态"就是这样的。

它背后的逻辑支撑是什么?党的二十大报告表述得很清楚:"中国共产党是为中国人民谋幸福、为中华民族谋复兴的党,也是为人类谋进步、为世界谋大同的党。""为人类谋进步、为世界谋大同",就是一种胸怀天下的品格。正是因为有胸怀天下的立场、出发点和世界观、方法论,我们才有可能在现代化过程中创造属于人类的一种文明新形态,而且这个过程不光是逻辑推导,它也是一种实实在在的理念和行动。从毛泽东同志提出"环球同此凉热"的文明期许,到习近平总书记把"构建人类命运共同体"作为中国式现代化的一个本质要求,体现了中国共产党人一以贯之的胸怀天下的精神品格,这也是中国式现代化能够创造人类文明新形态的思想前提。中国式现代化创造的文明新形态,之所以属于"人类",是因为它超越了种族、文化、国家的界限,是你中有我、我中有你的世界文明建设的"中国方案"。

实践依据。在推进和拓展中国式现代化进程中,着眼于社会全面进步和人的全面发展,是创造人类文明新形态的实践依据。习近平总书记指出,"现代化的本质是人的现代化"。中国式现代化从来都是以人民为中心在各个领域全面推进的现代化。社会全面进步和人的全面发展,是马克思主义为人类社会发展指出的文明目标。中国式现代化是创造人类文明新形态的中国途径、中国方式。

中国式现代化超越了工业文明单向度追求，是各领域文明协调发展和全方位覆盖的现代化。例如，在物质文明建设和经济发展途径方面，在社会主义基本经济制度的支撑下，努力建成现代化经济体系，形成新发展格局，基本实现新型工业化、信息化、城镇化、农业现代化；在政治文明和制度文明建设方面，在中国共产党领导下，发展全过程人民民主、全面依法治国、推进国家治理体系和治理能力现代化，形成了中国特色社会主义政治发展道路；在精神文明和思想文化领域，形成了由中华优秀传统文化、革命文化和社会主义先进文化构筑起来的中国特色社会主义文化道路；在社会文明建设和社会治理领域，则是以全面建成社会主义现代化强国，实现中华民族伟大复兴为战略目标，坚持以人民为中心的发展思想，巩固民族团结、保持社会和谐稳定、创造美好生活、促进共同富裕；在生态文明建设方面，"生态兴则文明兴，生态衰则文明衰"的理念已经深入人心，生态环境的变迁决定着人类文明的兴衰，既是历史经验，也是文明发展的规律，所以，中国式现代化的一大中国特色，就是人与自然和谐共生。

以上这些中国式现代化的文明性特征，有实践途径，有理论阐述，有制度保证，还有社会主义核心价值观的支撑。因此，一种有别于西方既有文明形态的、属于人类文明新形态的中华民族现代文明，是一种真实而立体的存在。可以说，中国式现代化，归根结底是中国特色社会主义现代化，也可视为中国特色社会主义新文明。它是中国为解决世界现代化进程中面临的共同问题，为昭示人类文明发展方向、引领世界文明进步潮流贡献的中国方案和中国智慧。中国式现代化和人类文明新形态拥有的综合优势，实际上就是中国道路的综合优势。当然，在推进和拓展中国式现代化进程中呈现出来的人类文明新形态，和中国式现代化一样，还在继续探索和发展之中。

人类文明新形态体现了中华文明的突出特性

中国有长期延续发展而从未中断过的文化，形成了独具特色、博大精深的价值和文明体系，这在世界上是独一无二的。中华优秀传统文化有很多重要元素，共同塑造出中华文明的突出特性，进而决定和影响着中国式现代化和人类文明新形态的创造过程及特点。

第一，中华文明具有突出的连续性，从根本上决定了中华民族必然走自己的路，在探索和推进中国式现代化进程中自觉地创造人类文明新形态。

人类文明新形态是在中华五千多年文明深厚基础上形成和发展起来的。中华文明突出的连续性不仅指历史悠久，没有中断，更指中华文明体系拥有牢固的主体意识、坚韧的抗压能力、深厚的内生动力和宽广的创新发展空间。

中华文明的连续性，可以转化为一种文化自信，成为中国近代以来摆脱"文明蒙尘"的重要条件；中华文明的连续性，可以转化为一种国情意识，成为探索和推进中国式现代化的文化土壤；中华文明的连续性，可以转化为一种主体自觉，成为独立自主推进和拓展中国式现代化的思想方法和文化动力；中华文明的连续性，可以转化为革故鼎新、继往开来的历史发展观和守正不守旧、尊古不复古的进取精神，从而赋能中华民族现代文明的创造和建设，对人类文明新形态的形成及特点产生重要影响。

第二，中华文明具有突出的包容性，从根本上决定了中国式现代化进程中形成的人类文明新形态，拥有文明互鉴、共同发展的平等价值观和开放胸怀。

中华文明现代化有双重含义，一是中华文明的复兴，一是人类文明的进步。提出人类文明新形态，体现的就是这种双重的文明自觉和文明自信。

中国为追求现代化，对西方文化的了解和研究，对人类先进文明成果的学习和借鉴，已经持续了将近两个世纪。在探索和推进中国式现代化进程中形成的人类文明新形态，拥有与不同文明交往交流交融的历史取向和对世界文明兼收并蓄的开放胸怀。从不同文明体系的关系上讲，平等互鉴是人类文明新形态在世界多元化文明格局中的相处之道；推动构建人类命运共同体，是人类文明新形态占据道义高点的理想目标，也是不同文明体系都应该追求的理想目标；弘扬和平、发展、公平、正义、民主、自由的全人类共同价值，是向这一理想目标前进的思想文化基础；全人类共同价值，是我们能够理直气壮地把我们创造的新的文明形态称之为"人类文明新形态"的价值观支撑。

中国共产党与人类文明新形态

在中国共产党成立100周年之际,"中国共产党与人类文明新形态"作为一个很重要的理论话题被提出并凸显。习近平总书记在庆祝中国共产党成立100周年大会上的重要讲话、党的十九届六中全会审议通过的《中共中央关于党的百年奋斗重大成就和历史经验的决议》,都鲜明地从文明的高度来总结我们党的历史,阐述中国道路。

例如,提出近代中国成为半殖民地半封建社会,遭受"文明蒙尘";提出马克思主义基本原理同中国具体实际相结合、同中华优秀传统文化相结合;提出习近平新时代中国特色社会主义思想是中华文化和中国精神的时代精华;提出中国共产党人用马克思主义真理的力量激活了中华民族历经几千年创造的伟大文明,使中华文明再次迸发出强大精神力量;提出党领导人民成功走出中国式现代化道路,创造了人类文明新形态;提出党一百年来开辟的伟大道路、创造的伟大事业、取得的伟大成就,必将载入人类文明发展史册；提出向世界讲好中国故事、中国共产党的故事，传播好中国声音，促进人类文明交流互鉴，国家文化软实力、中华文化影响力明显提升；等等。

这些新论述、新概念、新表达和新要求，构成了一个具有内在逻辑且自成体系的理论范畴，为理论界拓展出一个广阔而深刻的学术空间。这个学术空间凸显了一个鲜明主题：中国共产党与人类文明新形态。

文化和文明的创造与创新是中国共产党的天然优势

用马克思主义武装起来的中国共产党，从几十个人发展到2021年，已经成为拥有9500多万名党员的世界第一大执政党，风雨兼程一百年，在推进中华民族伟大复兴的历史进程中创造了一个又一个奇迹。究其原因，除了党的坚强领导以及政治、军事、经济等方面战略策略取得的成功之外，必定还有文化上的天然禀赋、内生动力和发展活力作为基础、作为依托。

中国共产党是一个有高度文化自觉的党，党的百年奋斗凝聚着我国文化奋进的历史。第一代中国共产党人，大都是五四新文化运动的精神产儿，对于在文化上批判什么、扬弃什么、追求什么、构建什么，他们从一开始就有相应的历史自觉和理论自信。马克思主义、俄国革命等，实际上是被他们当作新文化模样、新的文明形态来学习、追求、实践和创造的。1920年，毛泽东同志公开发表文章说：大家都在闹新文化，但并不懂得新文化是什么,"澈底些说吧,不但湖南,全中国一样尚没有新文化。全世界一样尚没有新文化。一枝新文化小花,发现在北冰洋岸的俄罗斯。"①可见,在毛泽东同志心目中,应该建设的中华新文化、新文明,并非五四时期让人眼花缭乱的一切新东西,他只把马克思主义指导下的俄国十月革命之后出现的新社会,看作新文化、新文明的雏形。

在中国共产党的历史上,瞿秋白最早提出"文化革命"的主张。毛泽东同志的《新民主主义论》,原本的题目就叫《新民主主义政治与新民主主义文化》,也就是说,他在构建新民主主义的社会形态框架时,就把文化作为一种很重要的底色,并由此明确提出"文化革命"的目标,就是要建立"中华新文化"。这篇论著还特别谈及:"其中最奇怪的,是共产党在国民党统治区域内的一切文化机关中处于毫无抵抗力的地位,为什么(国民党的)文化'围剿'也一败涂地了?这还不可以深长思之吗?"人们"深长思之"的结论就是:中国共产党拥有天然的文化创新自觉和文明创造能力,从根本上代表了中华新文化和人类新文明的前进方向,因而,站在对立面的文化势力,无论看似多么强大,都会败下阵来。

于是,1949年新中国成立的时候,我们党受到思想界、理论界、文化界的拥护,这在世界上革命成功的国家中是罕见的。新中国成立时中国共产党进行新型文明创造的文化环境与文化条

---

① 《毛泽东早期文稿》,中共中央文献研究室、中共湖南省委《毛泽东早期文稿》编辑组编,湖南人民出版社2013年版,第449页。

件，甚至明显优于十月革命成功时的苏联共产党。以作家为例，据统计，新中国成立的时候，离开大陆的中国作家不足10%。也就是说，超过90%的作家都选择留了下来，在中国共产党领导下建设中华新文化、新文明。

新中国成立时，毛泽东同志曾指出："随着经济建设的高潮的到来，不可避免地将要出现一个文化建设的高潮。中国人被人认为不文明的时代已经过去了，我们将以一个具有高度文化的民族出现于世界。"[1] 可以说，从那时起，一个以新社会制度为基础的新型国家文明形态，就已经在中华大地上开始建立。

拓展"中国共产党与人类文明新形态"这一理论空间的现实紧迫性

从历史回到现实，拓展"中国共产党与人类文明新形态"这一理论空间，具有非常强烈的现实紧迫性。

第一，中国道路发展到今天，越来越需要从文化、文明的角度提炼它的内容规定性。改革开放是中国共产党的一次伟大觉醒，正是在中国共产党领导的改革开放和社会主义现代化建设的伟大实践中，中国走出了一条独特的发展道路。进一步说，开创、坚持、捍卫、发展中国道路即中国特色社会主义道路，是党和人民历经千辛万苦、付出巨大代价取得的根本成就。要坚定道

---

[1] 《毛泽东文集》第五卷，人民出版社1996年版，第345页。

路自信，就必须站在文化和文明的高度来观察、思考和梳理中国道路的历史必然性和内容规定性。为此，习近平总书记着重强调并充分论述了"文化自信"这一理论范畴，认为它是道路、理论、制度自信的基础，指出文化自信"是更基础、更广泛、更深厚的自信"，"是一个国家、一个民族发展中最基本、最深沉、最持久的力量"。所以说，如果没有中华五千多年文明，哪里有什么中国特色？如果不是中国特色，哪有我们今天这么成功的中国特色社会主义道路？

第二，中国拓展了发展中国家走向现代化的途径，给世界上那些既希望加快发展又希望保持自身独立性的国家和民族提供了全新的选择。别人的选择，重点或许在经济发展方式和路径方面，但经济发展的动能从来不只是集中在物资和技术层面，其背后必然有理论、制度、文化等方面因素的支撑。为此，就需要我们把中国式现代化道路的文明属性和文明特征揭示清楚，传达出来，讲明白中国共产党何以为人类探索更好社会制度和新的文明形态，提供了中国经验、中国方案、中国智慧。

第三，在当今世界处于百年未有之大变局的形势下，讲清楚中国道路的文明属性和文明特征显得尤为紧迫。同西方进行一场既针锋相对又有理有利有节的文明对话，事实上已经成为我们讲好中国故事、讲好中国共产党的故事不能回避的事情。文明的话题，已经鲜明地摆在了新时代中国同西方的"对话桌"上。

目前世界上出现的百年未有之大变局，其实质是国际力量对比出现深刻调整，以中国为代表的一批新兴市场国家和发展中国家参与到第三次工业革命的进程中,呈现出群体性发展势头,促使国际政治经济格局发生变化。虽然"西强东弱"的国际格局还没有改变,但是近代以来西方发达国家主导世界的绝对优势已经逐步变为相对优势。其根源在于世界政治多极化和文化价值观多元化趋势越来越明显,盛行几百年的西方文明"中心论"受到挑战。法国总统马克龙就感慨:新兴国家"不再迷信西方的政治,而是开始追寻自己的'国家文化'。这和民主不民主无关"。"当你的价值观无法再对新兴国家输出时,那就是你衰落的开始。我认为目前这些新兴国家的政治想象力,是高于我们的。政治想象力很重要,它具有强大的凝聚力内涵,能够引出更多的政治灵感。"这里提及的拥有高于西方的"政治想象力"和文化凝聚力的国家,当然是以中国为代表。马克龙所说的"高于"西方的东西,和中国创造的人类文明新形态也有相通之处。

当前国际舆论存在把不同国家发展道路的差异归结为"文明冲突"的想法

1996年,美国学者萨缪尔·亨廷顿提出"文明冲突论"。欧洲近来也有这样的声音,认为中国道路是对从法国大革命以来人类社会形成的"普世价值"的威胁。2019年,担任美国国务院政策规划事务主任的基伦·斯金纳博士干脆表明:"美国正着手准备应对美中之间即将发生的文明冲突",中国"构成了独特的挑战,因为北京政权不是西方哲学和历史的产物"。她还说,这个挑战在文明属性上和冷战期间美苏之间的冲突不一样。

普遍看来，不同国家、民族、地区之间确实有着发展战略、经济利益和生产生活方式，乃至价值观上的差异。但这些差异，难道真的会导致"整体性的文明冲突"吗？从中国文明来看，答案并非如此。

第一，中华文明没有必然和其他文明发生冲突的基因。中国人的传统思维强调"己所不欲，勿施于人"，就是说，你自己都不想干的事情，不能强求别人去干。还有，中国人习惯上是各美其美、美美与共，讲的是在大家的相处中，每个人都可以坚持自己的爱好和习惯，各种爱好和习惯是可以相互包容，甚至是相互欣赏的。这种"和而不同"的文化传统，正是今天中国处理国际关系、看待百年未有之大变局的思想资源和文化依据，也是中国提出"一带一路"倡议和构建人类命运共同体命题的理念支撑和文明期待。

但是，无论中国人怎样真诚地讲"和平共处""和平发展""合作共赢"，对缺少"和而不同"观念传统的西方世界而言，仍有一些人难以理解和认同，这是因为他们的话语体系、思维习惯，都是以个人主义和自由主义价值观为基础的。再加上西方政治意识形态的偏见和冷战思维的驱使，条件反射式地把中国的主张纳入其零和博弈的思维框架来评判。比如，中国提倡构建人类命运共同体，美国学者安德里·沃登撰文说："中国所设想的新世界秩序将不会包括西方价值观，而是建立以中国规范、价值观和话语为核心的人类命运共同体。"或者，干脆就认为人类命运共同体及其"互利共赢、义利兼得"等"是典型的'乌托邦'理念"。

正可谓,"和而不同"的传统,拓展了新时代中国创造人类文明新形态进而为世界谋大同的想象力和创造力。个人主义和自由主义传统导致的狭隘和偏见,限制了西方一些人与时俱进的想象力、认知力、判断力。

第二,中西方看待文化差异的态度不一样。法国前总理拉法兰写过一本《中国悖论》的书,其中指出:在西方希望向中国强加他们的观念及体系的时候,中国人在努力证明,可以提供一个不同的"中国方案";西方人认为,相对的事物必定冲突,真相只有一个,中国的阴阳平衡文化让人们认为"反者道之动",即矛盾双方循环往复是道的运动规律。

确实,中国为了追寻现代化,对西方文化的了解、研究和学习已经持续将近两个世纪。中国不会无端反对和自己不一样的东西,更不会强求别人接受自己的文明,而总是努力用实践告诉别人,"我和你确实不一样",但可以"求同存异",就是在不同的文明之间尽量找出相同的地方,在互动中接近,努力地朝着一个方向去走。例如,中国人最崇拜的本土思想家是孔子,最崇拜的西方近代思想家是马克思,他们既有文明背景的差异,又有时代的差异。按理说,这两个人在一起是会"争吵打架"的。但是,中国共产党却成功地实现了马克思主义中国化,不仅在理论上,而且在实践上,把马克思主义基本原理同中华优秀传统文化相结合,进行文化和文明的创造和创新,于是便有了人类文明新形态的出现。

中国是怎样做到这一点的呢？可以通过一个例子来说明。文学家、历史学家郭沫若在1926年发表过一篇文章，题目叫《马克思进文庙》。他在这篇文章中想象，有一天马克思来到上海，走进供奉孔子的文庙，看见孔子的塑像，忍不住要和孔子讨论各自的社会理想、产业政策和富民主张。他们各自申述了自己的观点，讨论的结果让马克思发出这样的感慨：不想在两千年前，在远远的东方，已经有了你这样的一个老同志！你我的见解完全是一致的。这是文学想象，也是中国人的愿望和思维习惯，是中华文明的鲜明特点。

摆脱"文明冲突论"的困扰，拥抱共同的未来

英国的克里·布朗教授提到一个观点，他说："无论西方是否承认中国的价值观，我们都不能不承认中国作为一个庞大文明体系的存在，而且很有可能在未来与西方体系长期共存。"习近平总书记的论述更为明确："历史反复证明，任何想用强制手段来解决文明差异的做法都不会成功，反而会给世界文明带来灾难"。[①]植根于不同文明土壤上的制度、道路的多样性及其相互交流借鉴，正是人类社会进步的动力。

如何摆脱"文明冲突论"的困扰、拥抱共同的未来，更为

[①]《习近平著作选读》第一卷，人民出版社2023年版，第279页。

睿智的建议已经摆在世界面前。在联合国日内瓦总部的演讲中，习近平主席指出，"文明差异不应该成为世界冲突的根源，而应该成为人类文明进步的动力""每种文明都有其独特魅力和深厚底蕴，都是人类的精神瑰宝。不同文明要取长补短、共同进步，让文明交流互鉴成为推动人类社会进步的动力、维护世界和平的纽带"。①

实际上，全人类有许多共同的价值追求和善恶标准，如都崇尚自由、追求公正、爱好和平、向往安宁富足的生活，都反对奴役、压迫、暴力、贫困、对生态的破坏，等等。为此，党的十九届六中全会审议通过的《中共中央关于党的百年奋斗重大成就和历史经验的决议》明确宣示，"推动构建人类命运共同体，弘扬和平、发展、公平、正义、民主、自由的全人类共同价值，引领人类进步潮流"。弘扬的是"全人类共同价值"，而不是西方所谓的"普世价值"，这是中国提出构建人类命运共同体设想的文化价值观基础。构建人类命运共同体，体现了符合时代潮流的文明大道，是百年变局下不同文明对话的应有趋势，更是中国式现代化道路、中国共产党领导人民创造的人类文明新形态的优势所在。向这一理想目标前进，要扩大利益汇合点，弘扬全人类共同价值。这是一个非常深刻的命题，在我们对外讲好中国故事、讲好中国共产党故事的过程中，起着"四梁八柱"的作用。

---

① 《习近平著作选读》第一卷，人民出版社2023年版，第568页。

全面建成小康社会的历史意义和当代启示

全面建成小康社会,作为中国共产党第一个百年奋斗目标,是党向中华民族和中国人民订立的一份"军令状",也是一份庄严的"历史契约"。新时代以来,在以习近平同志为核心的党中央领导下,全党和全国人民经过几年的艰苦决战,在 2020 年迎来决胜收官、兑现承诺的时刻。来到这一历史里程碑面前,回望风雨兼程走过的路,很值得我们思考一个问题:全面建成小康社会的理论和实践,对中国的历史和未来,意味着什么,带来什么启示?

全面建成小康社会,既是在社会主义现代化道路上设立的一个阶段性目标,又拓展社会主义现代化建设的途径和布局

全面建成小康社会,是中华民族和中国人民近代以来,追求现代化的一个阶段性目标。

毛泽东同志在1945年4月就提出一个口号，"为着中国的工业化和农业近代化而斗争"。到20世纪50年代中期以后，人们讲得比较多的是实现工业化，把落后的农业国建设成为先进的工业国，进而提出实现"四个现代化"的战略目标，即实现工业、农业、国防和科学技术的现代化。

1978年进入历史新时期的时候，在20世纪末"实现四个现代化"，是一个深入人心，把全国人民凝聚起来齐心协力搞经济建设的口号。邓小平同志1979年指出："能否实现四个现代化，决定着我们国家的命运、民族的命运"，强调"社会主义现代化建设是我们当前最大的政治，因为它代表着人民的最大的利益、最根本的利益"。[①]

但怎样实现"四个现代化"，实现什么样的"四个现代化"，有一个逐步清晰起来的过程。

全国上下，最先明确的是，必须通过改革开放，解放和发展社会生产力，才能促进社会主义现代化建设事业。那么，我们要实现的"四个现代化"，究竟是一种什么模样呢？邓小平同志通过到当时西方发达国家访问参观，特别是到日本实地考察，明白了要达到西方国家那种现代化水平，需要更长的时间。于是在1979年提出我们要实现的"四个现代化"，是"中国式的现代化"。这年12月，日本首相大平正芳追问，你们"中国式的四个现代化"到底是什么样一种状态？邓小平同志回答说："不是像你

[①] 《邓小平文选》第二卷，人民出版社1983年版，第162—163页。

们那样的现代化的概念，而是'小康之家'。"具体来说，就是在20世纪末，中国的国民生产总值人均达到一千美元，"同西方来比，也还是落后的。所以，我只能说，中国到那时也还是一个小康的状态"。后来，经过反复调查和测算，中国确定在20世纪末达到人均国民生产总值800美元。这就是我们在中国式的现代化道路上"奔小康"的由来。

但这只是小康社会建设的认识起点。在20世纪末，中国的人均国民生产总值超过了800美元，但我们认为那时的小康还不全面、不平衡，于是开始调整建设小康社会的目标。同时，还认识到现代化其实是一个不断探索、渐进积累的过程。

从20世纪80年代开始，除了讲经济上的现代化外，还提出物质文明和精神文明两手抓，两手都要硬。到了90年代，又觉得单是"两个文明"还不够，于是提出物质文明、政治文明、精神文明三个文明。进入21世纪，再提出构建和谐社会，实际上就是社会文明。到2012年，党的十八大又增加了生态文明。

正是在改革开放不断探索的行程中，在全面建设小康社会的努力奋斗中，我们党拓展了社会主义现代化建设的理论和实践，由此形成社会主义市场经济、民主政治、先进文化、和谐社会和生态文明五大领域的现代化途径，这也是中国特色社会主义事业的总体布局。

根据这个总布局，党的十八大明确把全面建成小康社会的目标，定位在经济持续健康发展、人民民主不断扩大、文化软实力显著增强、人民生活全面提高和生态文明建设取得重大进展五个方面。2015年,在党的十八届五中全会上,习近平总书记又进一步提出:"全面小康,覆盖的领域要全面,是五位一体全面进步。全面小康社会要求经济更加发展、民主更加健全、科教更加进步、文化更加繁荣、社会更加和谐、人民生活更加殷实。"这样一来,中国要建成一个什么样的全面小康社会,怎样建成全面小康社会,就完善和明确了。

这一过程说明两点:第一,全面建成小康社会,是在追求现代化的过程中,逐步明确和设立的一个阶段性目标;第二,全面建成小康社会的理论和实践,反过来又科学地回答了怎样建设社会主义现代化,建设什么样的社会主义现代化这个更长远的历史课题,由此拓展了社会主义现代化建设的途径和布局,揭示出近代以来,中国人民梦寐以求的现代化道路的本质特征。

从横向上来看,全面建成小康社会的理论和实践,拓展了发展中国家走向现代化的途径,给世界上那些既希望加快发展又希望保持自身独立性的国家和民族提供了全新选择,为解决人类问题贡献了中国智慧和中国方案。

全面建成小康社会的理论和实践,加深人们对社会主义本质的认识和理解,彰显社会主义制度的显著优势

在新时代,我们要回答的历史课题是,坚持和发展什么样的中国特色社会主义、怎样坚持和发展中国特色社会主义。全面建成小康社会的理论和实践，就是从全面发展的角度，对这个历史课题交出的一份示范答卷。

这个答卷的关键词，就是以人民为中心的发展思想。具体说来，小康社会是中国人民千年追求的梦想；建设小康社会，要依靠全体中国人民的共同奋斗才能实现；全面建成小康社会，必须让全体中国人民共享改革开放的发展成果，必须得到人民认可，才算实现，才经得起历史检验。

新时代决胜全面建成小康社会的理论和实践，强调的不仅是"小康"，更重要、更难做到的是"全面"。"小康"讲的是发展水平，"全面"讲的是发展的平衡性、协调性、可持续性。讲"全面"，就意味着除了"五位一体"的全面进步和发展外，还必须是覆盖的区域要全面，实现城乡区域共同的小康；覆盖的人口要全面，实现惠及全体人民的小康。千家万户都好，国家民族才能好；千家万户都小康，才算是中国人民的全面小康。

全面建成小康社会的关键，就这样呼之而出：小康社会，归根结底是人民的小康社会，必须走共同富裕的道路。于是，我们党一直重视的扶贫减贫脱贫事业，便成为能否如期全面建成小康社会的事关全局的战略重点。扶贫减贫脱贫，既是发展问题，也是民生问题，更是体现社会主义公平正义的原则问题。

于是，脱贫攻坚战打响了。打这场攻坚战的理论和实践逻辑，就是习近平总书记指出的："没有贫困地区的小康，没有贫困人口的脱贫，就没有全面建成小康社会。"让贫困地区贫困人口，摆脱贫困，走共同富裕之路，事实上成为全面建成小康社会的

"一个标志性指标"。2020年，中国所有的贫困县全部摘帽，这无疑是"人类历史上最伟大的事件之一"。

中国是全球最早实现联合国千年发展目标中减贫目标的国家，先后让7亿多人口摆脱贫困，完成全世界70%以上的减贫任务。这在世界上没有哪个国家可以相比，如此大规模的减贫成就，世界上也没有哪个国家能够在这样短的时间里做得到。全面建成小康社会，意味着在中国消除了绝对贫困，以后要解决的是相对贫困问题。

我们党是把全面建成小康社会提升到社会主义本质的战略高度来把握和推进的。习近平总书记指出，"消除贫困、改善民生、实现共同富裕，是社会主义的本质要求，是我们党的重要使命。""我们追求的发展是造福人民的发展，我们追求的富裕是全体人民共同富裕"。摆脱和消除绝对贫困，避免不平衡、不协调、不可持续的小康，走共同富裕的道路，既是全面建成小康社会最本质的特点，也是社会主义的本质特点。从中可得出三条启示。

第一，中国是在中国特色社会主义道路上全面建成小康社会的。中国特色社会主义是社会主义，不是别的什么主义。新时代全面建成小康社会的理论和实践，加深了人们对社会主义本质的认识和理解。

第二，一个绝不把贫困人口和贫困地区排除在外的小康，一个惠及全体14亿多人口，让人民生活水平和生活质量普遍提高的小康，不仅为世界的减贫事业作出不可替代的贡献，而且无可辩驳地彰显了中国社会主义制度的显著优势。

第三，全面建成小康社会，展示出社会主义的新境界，使科学社会主义在 21 世纪焕发生机，充满活力。全面建成小康社会的理论和实践中，包含的公平正义的社会原则，人民至上的价值原则，以人民为中心的发展思想，不仅属于中国，也是人类社会发展史上优秀价值文明体系的重要组成部分。

全面建成小康社会的理论和实践，促进中华民族伟大复兴的历史进程，是中国人民迎来从站起来、富起来到强起来伟大飞跃的耀眼标志

习近平总书记多次强调，全面建成小康社会不仅是我们现阶段战略目标，也是"实现中华民族伟大复兴中国梦关键一步"。

为什么说是"关键一步"？因为中华民族伟大复兴，整体上体现为从站起来、富起来到强起来的长期历史过程，全面建成小康社会是中华民族和中国人民，在复兴路上承前启后，迎来"从站起来、富起来到强起来的伟大飞跃"的重要标志。

全面建成小康社会和实现中华民族伟大复兴的关系，其历史逻辑和理论逻辑，蕴含在中华民族伟大复兴的奋斗历程当中。

从 1840 年被迫打开大门，进入半殖民地半封建社会开始，到 1949 年建立中华人民共和国。这一百多年的奋斗目标，是实现民族独立和人民解放，让中国人民和中华民族"站起来"。中华人民共和国的成立和社会主义制度的确立，为中华民族和中国人民赶上时代，为当代中国的一切发展，也为全面建成小康社

会，实现民族复兴，奠定了政治前提和制度基础。

在"站起来"这个复兴路上的新起点上，中国人有一种强烈的紧迫感。一直到20世纪50年代，毛泽东同志还是这样来表达的：中国如果不能把自己建设成为伟大的社会主义国家，那就要从地球上被开除"球籍"。这虽然是一个极而言之的比喻，但真实地表达了中国共产党为人民谋幸福、为民族谋复兴的初心和使命，表达了站起来以后大力推进经济和文化建设高潮的热切期盼，表达了一心一意让中国赶上时代的紧迫感。

为什么有这样的紧迫感？1949年新中国成立时，仍然属于典型的落后的农业国，在5.4亿人口中，只有大约200万人从事工业；工业总产值只占全国经济总量的10%左右。这样的经济结构，还不如同样人口众多的印度，中国人的人均国民收入，也比当时的印度低许多。中国人民"富起来"的奋斗行程，就是在这样"一穷二白"的基础上全力出发的。

从1921年中国共产党诞生，到2021年中国共产党成立一百周年。这一百年的奋斗目标，是让中国人民和中华民族"富起来"。2020年是实现这个目标的时间节点，中国人民和中华民族迎来了从站起来、富起来到强起来的伟大飞跃。当然，只是"迎来"飞跃，还没有完成。但全面建成小康社会，表明当代中国赶上了20世纪下半叶开始的以互联网为代表的第三次工业革命，走上了大踏步赶上时代、引领时代发展的康庄大道，使中国从一个落后的农业国家，转变成为工业化和信息化相互推动的国家，从而彻底摆脱了被开除"球籍"的危险。这就为实现中华民族伟大复兴奠定了坚实的基础，开拓了光明的前景。而且，全面建成小康社会，本身就是实现中华民族伟大复兴历史进程中一个耀眼的阶段性成果。

从1949年中华人民共和国成立，到2049年中华人民共和国成立一百周年。这一百年的奋斗目标，就是逐步地"强起来"，把中国建设成为富强民主文明和谐美丽的社会主义现代化强国，实现中华民族的伟大复兴。全面建成小康社会，是实现这个目标的崭新起点。未来行程的战略安排是，经过15年左右的努力，基本实现社会主义现代化。说"基本"，意思是还不充分。需要再用15年的时间，充分实现现代化，才能全面建成社会主义现代化强国。实施这个战略安排的历史过程，相当程度上也是拓展、升华、发展全面建成小康社会理论和实践的历史过程。

站起来、富起来、强起来，在复兴路上不是截然分开的，而是你中有我、我中有你的交替叠伸的奋斗过程。为站起来而奋斗的行程中，有富裕方面的追求和实践，有能够促进民族复兴的积极因素和社会力量的成长积累；为富起来而奋斗的行程中，有进一步站起来和逐步强起来的表现；为强起来而奋斗的行程中，不仅有越来越"走近世界舞台中央"从而更雄伟地站起来的内涵，而且是拓展富起来、升华富起来的过程。

因而，全面建成小康社会，是复兴路上一段行程的成果，同时为下一段行程奠定了厚实的路基。所谓承前启后，就是这个意思。

全面建成小康社会是在中国特色社会主义道路上实现的。中国没有走西方大国历史上靠殖民掠夺和资本侵略而发展自身的老路。我们靠中国共产党的坚强领导,靠坚持和发展中国特色社会主义,靠独立自主、自力更生,靠改革开放、不断创新,靠和平发展、合作共赢,让自身发展起来,全面建成小康社会,使中华民族迎来从追赶时代、赶上时代到引领时代的历史性进步。这些,足可以让我们对中国特色社会主义道路、理论、制度、文化,树立坚定的自信。

伟大变革在中华民族发展史上
具有里程碑意义

党的二十大报告指出：新时代十年，"我们经历了对党和人民事业具有重大现实意义和深远历史意义的三件大事：一是迎来中国共产党成立一百周年，二是中国特色社会主义进入新时代，三是完成脱贫攻坚、全面建成小康社会的历史任务，实现第一个百年奋斗目标。这是中国共产党和中国人民团结奋斗赢得的历史性胜利，是彪炳中华民族发展史册的历史性胜利，也是对世界具有深远影响的历史性胜利"。

这就告诉我们，评价新时代十年的伟大变革，要有宏大的历史的视野。怎样才算有宏大的历史视野，就是报告中提出来的，新时代十年的伟大变革，"在党史、新中国史、改革开放史、社会主义发展史、中华民族发展史上具有里程碑意义"。这个概括，是符合实际的，很到位。譬如，为什么说在中华民族发展史上具有里程碑意义？因为实现中华民族伟大复兴是中华民族近代以来最伟大的梦想。一百多年来,中国共产党团结带领中国人民在奋力推进中华民族伟大复兴的历史进程中,书写了中华民族几千年历史上最恢宏的史诗。新时代十年的伟大变革,丰富和续写了这部史诗的精彩华章。

全面建成小康社会,中华民族伟大复兴迈出关键一步

"小康"反映了中国先人对美好生活的向往和追求。在我国历史上,虽然也出现过一些"治世""盛世",但与漫长的古代史比起来毕竟稀少且短暂,中国古代社会长期的基本面仍是民生多艰。近代以后,在帝国主义和封建主义压迫下,"小康"愿望只能存在于人民的梦想之中。直到中国共产党诞生后,在党的领导下,中国人民顽强拼搏,历经几代人接续奋斗,从"小康之家"到"小康社会",从"总体小康"到"全面小康",从"全面建设"到"全面建成",小康目标不断实现,小康梦想才终成现实。

党的十八大以来,以习近平同志为核心的党中央提出,全面建成小康社会最艰巨最繁重的任务在农村特别是在贫困地区,没有农村的小康特别是没有贫困地区的小康,就没有全面建成小康社会。从2012年到2021年,党中央把脱贫攻坚摆在治国理政的突出位置,把脱贫攻坚作为全面建成小康社会的底线任务,组织实施人类历史上规模最大、力度最强的脱贫攻坚战。我们党坚持精准扶贫,确立不愁吃、不愁穿和义务教育、基本医疗、住房安

全有保障工作目标，实行"军令状"式责任制，动员全党全国全社会力量，上下同心、尽锐出战，攻克坚中之坚、解决难中之难。2021年，现行标准下9899万农村贫困人口全部脱贫，832个贫困县全部摘帽，12.8万个贫困村全部出列，区域性整体贫困得到解决，完成了消除绝对贫困的艰巨任务，我们如期打赢全面建成小康社会的关键战役。2021年7月1日，习近平总书记在庆祝中国共产党成立100周年大会上庄严宣告："经过全党全国各族人民持续奋斗，我们实现了第一个百年奋斗目标，在中华大地上全面建成了小康社会"。

全面建成小康社会、实现第一个百年奋斗目标，意味着中华民族千百年来"民亦劳止，汔可小康"的憧憬已经变为现实。习近平总书记指出："全面建成小康社会是我们现阶段战略目标，也是实现中华民族伟大复兴中国梦关键一步。""十三五"时期是全面建成小康社会决胜阶段，到"十三五"规划收官之时，我国经济实力、科技实力、综合国力和人民生活水平跃上了新的大台阶，国内生产总值超过100万亿元，人均国内生产总值超过1万美元，城镇化率超过60%，中等收入群体超过4亿人，为我们全面建设社会主义现代化国家、朝着第二个百年奋斗目标进军创造了有利条件、奠定了坚实基础。

成功推进和拓展中国式现代化，以中国式现代化推进中华民族伟大复兴

实现现代化是近代以来世界各国特别是发展中国家孜孜以求的目标。新中国成立后特别是改革开放以来，围绕实现什么样的现代化、怎样实现现代化这一重大课题，党领导人民进行了长期探索和实践。党的十八大以来，习近平总书记深刻回答建设什么样的社会主义现代化强国、怎样建设社会主义现代化强国这一重大时代课题，进一步描绘了中国式现代化道路的新图景，成功推进和拓展了中国式现代化。

中国式现代化的成功推进和拓展告诉人们一个深刻道理：通向现代化的道路不止一条，世界上既不存在定于一尊的现代化模式，也不存在放之四海而皆准的现代化标准。独特的文化传统、独特的历史命运、独特的基本国情，注定了中国必然要推进适合自己特点的现代化。

中国式现代化，是中国共产党领导的、坚持以人民为中心的社会主义现代化；中国式现代化既是发展道路，也是前进方向；既是中华民族伟大复兴的实现方式，也是中华民族发展史上令人鼓舞的奋斗目标；既有各国现代化的共同特征，更有基于国情的中国特色；既不是其他国家社会主义实践的再版，也不是国外现代化发展的翻版；既不走封闭僵化的老路，也不走改旗易帜的邪路，而是坚持在中国特色社会主义道路上实现现代化。

我们所推进的现代化，是具有中国特色、符合中国实际的。

中国式现代化是人口规模巨大的现代化，比世界上发达国家和地区的总人口还要多的14亿多人口整体迈进现代化社会，其发展任务之重、协调难度之大、潜在优势之强前所未有，我们必须坚持把国家和民族发展放在自己力量的基点上、把中国发展进步的命运牢牢掌握在自己手中。中国式现代化是全体人民共同富裕的现代化，是以人民为中心还是以资本为中心、是全体人民共同富裕还是少数人富裕，这是中国式现代化与西方现代化的根本区别。新时代十年，我们着力解决地区差距、城乡差距、收入分配差距，推动发展成果更多更公平惠及全体人民，体现的就是对发展成果由人民共享的中国式现代化的不懈追求。中国式现代化是物质文明和精神文明相协调的现代化，我们追求国家物质力量和精神力量相互促进、物的全面丰富和人的全面发展同时并举，人民物质生活和精神生活双双提升。中国式现代化是人与自然和谐共生的现代化，以习近平同志为核心的党中央站在中华民族永续发展的战略高度，站在人与自然和谐共生的高度来谋划经济社会发展，深入推进生态文明体制改革，坚持人与自然和谐共生。中国式现代化是走和平发展道路的现代化，努力建设持久和平、普遍安全、共同繁荣、开放包容、清洁美丽的世界，推动构建人类命运共同体。新时代十年，我们对中国式现代化的认识不断深化，战略上越来越成熟，实践上越来越丰富。以中国式现代化推进中华民族伟大复兴这条路，不仅走得对、走得通，也势必走得稳、走得好。

开启全面建设社会主义现代化国家新征程，中华民族伟大复兴展现出前所未有的光明前景

一百多年来，中国共产党团结带领中国人民进行的一切奋斗、一切牺牲、一切创造，归结起来就是一个主题：实现中华民族伟大复兴。新时代十年，以习近平同志为核心的党中央领导全党全国各族人民砥砺前行，推动党和国家事业取得历史性成就、发生历史性变革，创造了新时代中国特色社会主义的伟大成就，中华民族迎来从站起来、富起来到强起来的伟大飞跃，实现中华民族伟大复兴进入了不可逆转的历史进程。

以习近平同志为核心的党中央对全面建成社会主义现代化强国作出战略部署，总的战略安排是分两步走：从2020年到2035年基本实现社会主义现代化；从2035年到本世纪中叶把我国建成富强民主文明和谐美丽的社会主义现代化强国。这一战略部署，擘画出中华民族伟大复兴的宏伟蓝图，既观照历史又指向未来，具有厚重的民族历史感和明确的时代方向感。党的二十大对全面建成社会主义现代化强国两步走战略安排进行宏观展望，重点部署未来五年的战略任务和重大举措。未来五年是全面建设社会主义现代化国家开局起步的关键时期，搞好这五年的发展对于实现第二个百年奋斗目标至关重要。

经过新时代十年的砥砺奋进，实现中华民族伟大复兴进入了不可逆转的历史进程。以习近平同志为核心的党中央坚持党的领导、人民当家作主、依法治国有机统一，坚持和完善支撑中国特

色社会主义制度的根本制度、基本制度、重要制度，着力构建系统完备、科学规范、运行有效的制度体系，推动中国特色社会主义制度更加成熟更加定型，国家治理体系和治理能力现代化水平不断提高，为实现中华民族伟大复兴提供了更为完善的制度保证。我国经济发展平衡性、协调性、可持续性明显增强，国内生产总值达到114万亿元，人均国内生产总值超过1.2万美元，我国经济迈上更高质量、更有效率、更加公平、更可持续、更为安全的发展之路，为实现中华民族伟大复兴提供了更为坚实的物质基础。习近平新时代中国特色社会主义思想实现了马克思主义中国化时代化新的飞跃，科学指引全党全国各族人民奋进新征程、建功新时代，全党全国各族人民文化自信明显增强，全社会凝聚力和向心力极大提升，中国人民的积极性、主动性、创造性进一步激发，志气、骨气、底气空前增强，党心军心民心昂扬振奋，有自信自强的精神力量成为我国发展的战略性有利条件，为实现中华民族伟大复兴提供了更为主动的精神力量。

今天，我们党在新时代新征程上又有了新的使命，这就是党的二十大报告宣示的，"从现在起，中国共产党的中心任务就是团结带领全国各族人民全面建成社会主义现代化强国、实现第二个百年奋斗目标，以中国式现代化全面推进中华民族伟大复兴"。在前进道路上，中国共产党团结带领中国人民，焕发出前所未有的历史主动精神和历史创造精神，正信心百倍地书写中华民族发展史上新的辉煌篇章。

怎么看中国共产党的历史决议

中国共产党是善于总结自身历史经验、把握发展规律的马克思主义政党。一百年,作出了三个有关历史的决议,体现了高度的历史自觉和政治自信,这在世界上的政党中,几乎是看不到的。这是中国共产党经历百年风雨、一路前行、创造一个又一个奇迹的内在优势。

深刻认识中国共产党历史决议的重大意义

第一,中国共产党为什么要作历史决议?

根本目的是以史为鉴、开创未来。每个历史决议作出之后,党的主要领导人都会提醒人们注意怎样以历史来镜鉴未来。这当中,他们经常强调两点。

一是要让党更紧密地团结统一。70多年前,《关于若干历史问题的决议》通过后,毛泽东同志发出号召:"一切同志,要在这个历史决议案下团结起来,像决议案上说的团结得像一个和睦的家庭一样。"党的十九届六中全会通过新的历史决议后,习近平总书记指出:"这次全会《决议》特别强调了加强党的集中统一领导的重要性,就是要求全党坚定不移向党中央看齐,在党的旗帜下团结成'一块坚硬的钢铁',步调一致向前进。""和睦的家庭""坚硬的钢铁"这两个比喻,深刻揭示了中国共产党自身建设应有的政治气象,这就是作历史决议的重要目的。

二是要让党更成功地走向未来。毛泽东同志指出:"如果不把党的历史搞清楚,不把党在历史上所走的路搞清楚,便不能把事情办得更好。"习近平总书记强调:"从党的百年奋斗中看清楚过去我们为什么能够成功、弄明白未来我们怎样才能继续成功。""把事情办得更好""继续成功",就是以史为鉴、开创未来的意思。

我们常说:"让历史告诉未来。"党的历史凭什么能够告诉未来?凭它创造的重大成就鼓舞人,凭它升华的思想理论引导人,凭它孕育的精神谱系感染人,凭它积累的宝贵经验教育人,凭它沉淀的历史规律启迪人。中国共产党作的历史决议,有成就的描述、理论的提炼、精神的挖掘、经验和教训的总结、规律的揭示,因而能够发挥让历史告诉未来的重大作用。

第二,党的历史决议是代表全党意志作出的历史性、战略性决策,由此决定了它的重大意义。

党作历史决议,是非常郑重而审慎的政治大事。决议是在深入学习研究党的历史的基础上作出来的,但它不是一般的党史研究成果，是集中全党智慧、凝聚广泛共识进而指导党的政治生活、发挥长远作用的思想理论成果，是反映党的意志和愿望的政治宣言和行动纲领。

为了起草第一个历史决议，中央专门成立了一个历史问题决议准备委员会，当时中央领导层的重要成员任弼时、张闻天、王稼祥等同志都参加了具体起草工作。在留下的决议起草过程稿中，还有毛泽东同志七次修改的稿子。在起草过程中，党的领导层经常开展讨论。齐聚延安准备参加党的七大的代表也多次参与讨论，发表意见。所以，毛泽东同志在七大前的讲话中说："最近写决议案，写过多少次，不是大家提意见，就写不这样完备。"新中国成立后编辑《毛泽东选集》，还将这个历史决议作为附录收入。

第二个历史决议是邓小平同志亲自主持起草的。他在各种场合，围绕历史决议的起草先后发表过17次谈话，基本上都收入了《邓小平文选》。提纲和草稿出来，邓小平同志看后不太满意，明确表示：如果关于毛泽东和毛泽东思想的历史地位写不好，这个决议宁肯不作。为此，陈云建议，第一部分专门写党在新中国成立前28年的历史。胡乔木建议，把毛泽东晚年错误和毛泽东思想区分开来。这样一来，再写新中国成立后党的历史是非，毛泽东和毛泽东思想的历史地位一下子就明确了。稿子出来后，还经历了众所周知的"四千人大讨论"。

以习近平同志为核心的党中央，高度重视第三个历史决议的起草工作。习近平总书记亲自担任起草组组长，两次主持召开文件起草组全体会议，对起草好决议提出明确要求。中央政治局常委会召开三次会议、中央政治局召开两次会议审议决议稿。征求意见稿还下发党内一定范围征求意见。这是充分发扬民主、集中全党智慧、广泛凝聚共识的过程。

党的十八大以来，习近平总书记关于党史的重要论述有很多。2021年2月，结集出版了习近平《论中国共产党历史》，作为全党开展党史学习教育的学习材料，这实际上也是为总结党的历史、统一思想而进行的一次广泛的社会舆论准备和思想认识准备。特别是习近平总书记《在庆祝中国共产党成立100周年大会上的讲话》，其中的许多观点和提法，都体现在了党的十九届六中全会通过的决议当中。例如，党的"四个伟大成就""四个庄严宣告"，实现中华民族伟大复兴是百年奋斗的历史主题，以史为鉴、开创未来的"九个必须坚持"，等等。可以说，习近平总书记关于党的历史的重要论述为起草新的历史决议作了充分的理论准备，是起草决议的基本遵循。

第三，党的历史决议产生在重大历史关头，有客观需要，由此昭示它的重大意义。

第一个历史决议面临的重大历史关头是：党在整风运动中走向成熟，抗日战争即将胜利，必须把党团结起来，实现思想上的统一，为创造抗日战争胜利后的新局面做准备。在当时，如果不把党的历史总结好，还会影响党的七大的顺利召开。为此，毛泽东同志改变原本准备在党的七大上通过这个决议的安排，决定在六届七中全会上讨论通过这个决议。

第二个历史决议面临的重大历史关头是：如果不处理好新中国成立以来党的历史是非，不实现党在指导思想上的拨乱反正，改革开放和社会主义现代化建设事业就很难顺利前进。1981年通过决议，1982年顺利召开党的十二大，由此提出全面开创社会主义现代化建设新局面的新任务。

第三个历史决议面临的重大历史关头是：中国共产党奋斗一百年了，怎样看党的成就和经验，怎样看我们走的道路，怎样看中国共产党，怎样看马克思主义，怎样看中国共产党和中华民族伟大复兴的关系，势必要有科学的总结。特别是在党和人民胜利实现第一个百年奋斗目标、全面建成小康社会，正在向着全面建成社会主义现代化强国的第二个百年奋斗目标迈进的时刻，全面总结党的百年奋斗重大成就和历史经验，更是急迫的客观需要。还有，怎样推进党的自我革命，在新征程上如何提高全党斗争本领和应对风险挑战能力，也需要站在新的历史起点上，通过历史决议作出回答。

第四，党的历史决议的内容要旨是提炼好党的现实成就和经验，由此彰显它的重大意义。

党作历史决议，是为了更加清醒、更加坚定地办好当前的事情，走好正在走的道路，更有信心、更加从容地开创未来。因此，决议的要旨是把党的现实成就和新鲜经验科学地提炼出来。

于是，第一个历史决议就多次出现这样几句话：遵义会议"开始了以毛泽东同志为首的中央的新的领导"，"党终于在土地革命战争的最后时期，确立了毛泽东同志在中央和全党的领导"，

"到了今天,全党已经空前一致地认识了毛泽东同志的路线的正确性,空前自觉地团结在毛泽东的旗帜下了"。

第二个历史决议,有两个部分专门谈现实成就和经验。一个部分是"历史的伟大转折",对1976年到1981年的五年历史,总结了六个方面的工作成就。再一个部分是"团结起来,为建设社会主义现代化强国而奋斗",明确讲,"三中全会以来,我们党已经逐步确立了一条适合我国情况的社会主义现代化建设的正确道路",同时从十个方面总结了这条道路的经验,以及当前和未来的努力方向及工作重点。后来作为走中国特色社会主义道路的国情依据的"社会主义初级阶段"这个概念,就是在这个决议中首次提出来的。

中国特色社会主义进入新时代,党的实践和理论都出现了新的飞跃。特别是党的十八届六中全会确立了习近平同志为党中央的核心、全党的核心地位,十九大确立了习近平新时代中国特色社会主义思想的指导地位。因此,十九届六中全会通过的决议,重点是总结新时代以来党和国家事业取得的历史性成就、发生的历史性变革和积累的新鲜经验;从13个方面概括了十八大以来的原创性思想、变革性实践、突破性进展、标志性成果;尤其突出的是,彰显了"两个确立"对新时代党和国家事业发展、对推进中华民族伟大复兴历史进程的决定性意义。

为此,党中央对第三个历史决议的定位是:新时代中国共产党人牢记初心使命、坚持和发展中国特色社会主义的政治宣言,是以史为鉴、开创未来、实现中华民族伟大复兴的行动指南。

深刻体会中国共产党的历史进程和重大成就

党的十九届六中全会通过的决议，事实上把党的历史划分为新民主主义革命、社会主义革命和建设、改革开放和社会主义现代化建设、中国特色社会主义新时代四个时期。

这四个时期的划分依据是：中国共产党人一切奋斗、一切牺牲、一切创造，都是为了实现中华民族伟大复兴。每一代共产党人、每个奋斗阶段，面临的主要任务不同，要回答的时代课题不同，要解决的社会主要矛盾也有不同，甚至奋斗路上主体风采也不完全一样。

比如，在决议里面，关于中国共产党一百年来团结带领人民为实现中华民族伟大复兴奋斗的风貌，新民主主义革命突出的是"浴血奋战、百折不挠"，社会主义革命和建设突出的是"自力更生、发愤图强"，改革开放和社会主义现代化建设突出的是"解放思想、锐意进取"，中国特色社会主义新时代突出的是"自信自强、守正创新"。

四个时期创造的伟大成就，呈现为逐步递进、累积飞跃的关系。

新民主主义革命的伟大成就，要旨在于中国人民从此站起来了，实现了中国从几千年封建专制政治向人民民主的伟大飞跃，为实现中华民族伟大复兴创造了根本社会条件。这里说的"根本社会条件"，主要指中华民族要实现伟大复兴，必须拥有独立自主掌握自己命运这个前提。

社会主义革命和建设的伟大成就，要旨在于实现了中华民族有史以来最为广泛而深刻的社会变革，实现了一穷二白、人口众多的东方大国大步迈进社会主义社会的伟大飞跃，为实现中华民族伟大复兴奠定了根本政治前提和制度基础。这里突出的是"社会主义"，说明只有社会主义才能救中国，只有社会主义才能发展中国。这里说的"根本政治前提和制度基础"，也让人想起邓小平同志在改革开放初期提出来的坚持社会主义道路、坚持人民民主专政、坚持中国共产党的领导、坚持马克思列宁主义和毛泽东思想这"四项基本原则"。

改革开放和社会主义现代化建设的伟大成就，要旨在于推进了中华民族从站起来到富起来的伟大飞跃，为实现中华民族伟大复兴提供了充满新的活力的体制保证和快速发展的物质条件。这就说明改革开放是决定当代中国前途命运的关键一招，中国特色社会主义道路是指引中国发展繁荣的正确道路，中国大踏步赶上了时代。

在这里，"大踏步赶上时代"这个论断，背后的历史叙述是：18世纪中后期开始的以蒸汽机为代表的第一次工业革命，产生了英国、法国这样的世界强国；19世纪中后期开始的以电气化为代表的第二次工业革命，又造就了德国、美国以及日本这样的世界强国。这些国家站在了时代潮头。奥匈帝国以及中国的大清王朝，还有曾在大航海时代领跑的西班牙、葡萄牙，都因为没有赶上这两次工业革命而掉下队来，落在了时代后面。这当中，尤以中国的落差感受最为强烈。在经历了落后于时代就要挨打挨饿挨骂的惨痛教训后，在中国特色社会主义道路的引领下，中国终于迎头赶上了20世纪中后期开始的以互联网为代表的第三次工业革命，由此推进了中华民族从站起来到富起来的伟大飞跃。这就叫"大踏步赶上时代"。

中国特色社会主义新时代的伟大成就，要旨在于全面建成小康社会目标如期实现，党和国家事业取得历史性成就、发生历史性变革，彰显了中国特色社会主义的强大生机活力，为实现中华民族伟大复兴提供了更为完善的制度保证、更为坚实的物质基础、更为主动的精神力量，中华民族迎来了从站起来、富起来到强起来的伟大飞跃。值得注意的是，这里专门强调了"更为主动的精神力量"，它主要体现在精神文化上的自信自强、守正创新上面，体现为意识形态领域形势发生全局性、根本性转变，体现为全社会凝聚力和向心力极大提升，体现为"四个自信"明显增强。在今天，为什么要突出强调"更加主动的精神力量"，是一篇大文章。

这四个伟大成就，每一个背后都是一次历史性的实践飞跃。而每一个飞跃，都是由中华民族伟大复兴这个历史主题贯穿起来的。这是党的十九届六中全会通过的历史决议在如何总结党的百年成就这个问题上，非常值得我们重视的一个着眼点。

第三个历史决议从五个方面总结了中国共产党百年奋斗的历史意义，这就是：从根本上改变了中国人民的前途命运，开辟了实现中华民族伟大复兴的正确道路，展示了马克思主义的强大生命力，深刻影响了世界历史进程，锻造了走在时代前列的中国共产党。这个概括，全面、深刻、系统阐述了党对中国人民、对中华民族、对马克思主义、对人类进步事业、对马克思主义政党建设所作的历史性贡献。这五个历史意义，也是对党的百年奋斗历史成就所作的横向高度凝练。

这当中，"深刻影响了世界历史进程"很突出的一个内涵，是我们走出了一条中国式的现代化道路，并且创造了一种新的文明形态。其背后的逻辑是：中国式现代化道路破解了人类社会发展的诸多难题。例如，我们的现代化，不是走西方以资本为中心的老路，不是走西方两极分化的老路，不是走西方物质主义膨胀的老路，不是走西方对外扩张掠夺的老路。中国追求的是14亿多人口规模巨大的现代化，是物质文明和精神文明相协调、人与自然和谐相处的现代化，是追求共同富裕的现代化，是和平发展的现代化。这些拓展了发展中国家走向现代化的途径，为人类对更好社会制度和新的文明形态的探索，提供了中国经验、中国方案、中国智慧。中国通过改变自身的努力，影响了世界历史进程。所谓影响，就包括促进了世界百年未有之大变局。

深刻领悟马克思主义中国化的理论"飞跃"

我们党是高度重视理论指导的政党。我们说归根到底是马克思主义行，很关键的一招，是马克思主义中国化行，马克思主义基本原理同中国具体实际相结合行，马克思主义基本原理同中华优秀传统文化相结合行。同时说明，中国共产党拥有天然的、与时俱进的理论品格，拥有非凡的理论创新自觉和理论创新能力。

第三个历史决议指出，一百年来，我们党把马克思主义基本原理同中国具体实际相结合、同中华优秀传统文化相结合，在不断推进马克思主义中国化的历史进程中，实现了理论创新上的飞跃。

第一次历史性飞跃，是新民主主义革命时期毛泽东思想的创立，并在社会主义革命和建设时期获得发展。接下来，是在改革开放和社会主义现代化建设新时期，形成中国特色社会主义理论体系所实现的"新飞跃"。党的十三大报告谈到"有两次历史性飞跃"。十四大明确提出把"邓小平建设有中国特色社会主义理论"作为指导理论。十五大简称为"邓小平理论"，明确讲它是马克思主义中国化"第二次飞跃的理论成果"。此后，我们党相继把"三个代表"重要思想、科学发展观写进党章，作为行动指南，和邓小平理论一起，成为中国特色社会主义理论体系的重要组成部分。接下来，是在中国特色社会主义新时代，创立习近平新时代中国特色社会主义思想所实现的"新的飞跃"。这个论断，反映了马克思主义中国化历史进程的实际情况，也说明我们党的认识前进了，意义重大。

出现新的理论飞跃的依据，往往是理论创新需要回答的时代课题发生了变化。例如，是否可以这样讲，毛泽东思想需要回答的时代课题是：进行什么样的新民主主义革命，怎样进行新民主主义革命？进行什么样的社会主义革命，怎样进行社会主义革命？开展什么样的社会主义建设，怎样开展社会主义建设？中国特色社会主义理论体系需要回答的时代课题是：什么是社会主义，怎样建设社会主义？建设一个什么样的党，怎样建设党？实现什么样的发展，怎样发展？

第三个历史决议把新时代理论创新面临和需要回答的时代课题概括为：新时代坚持和发展什么样的中国特色社会主义，怎样坚持和发展中国特色社会主义？建设什么样的社会主义现代化强国，怎样建设社会主义现代化强国？建设什么样的长期执政的马克思主义政党，怎样建设长期执政的马克思主义政党？这三个时代课题是有机统一的，侧重点有所不同。中国特色社会主义，反映的是中国全社会的共同理想，侧重于对人类社会发展规律的认识；社会主义现代化强国，侧重于对社会主义建设规律和中国式现代化道路的认识；长期执政的马克思主义政党，侧重于对党的执政规律的认识。

说习近平新时代中国特色社会主义思想是马克思主义中国化时代化"新的飞跃"，更直接的依据是，党的十八大以来，形成了一系列原创性的新理念新思想新战略。对习近平新时代中国特色社会主义思想的概括和阐述，是第三个历史决议的一个突出亮点、一个重大贡献。决议在党的十九大报告"八个明确"的基础上，用"十个明确"对习近平新时代中国特色社会主义思想的核心内容作了进一步概括。决议从13个方面分领域总结新时代党和国家事业取得的成就时，还重点概括了其中的原创性理念和思想。决议概括的十条历史经验，也反映了习近平新时代中国特色社会主义思想的内容。这些战略思想和创新理念，以全新视野深化了对共产党执政规律、社会主义建设规律、人类社会发展规律的认识。

第三个历史决议指出:"习近平新时代中国特色社会主义思想是当代中国马克思主义、二十一世纪马克思主义,是中华文化和中国精神的时代精华,实现了马克思主义中国化新的飞跃。"这段话是对习近平新时代中国特色社会主义思想的重大定位。其中"是中华文化和中国精神的时代精华"的定位,说明习近平新时代中国特色社会主义思想,深深植根于中华文化的沃土之中,深刻汲取了中华优秀传统文化所蕴含的丰富哲学思想、人文精神、道德理念,是对中华优秀传统文化进行创造性转化、创新性发展的典范。

明确我们党百年奋斗、推进马克思主义中国化历史进程在理论创新上的"飞跃",说明只要我们勇于结合新的实践不断推进理论创新、善于用新的理论指导新的实践,就一定能够让马克思主义在中国大地上展现出更强大、更有说服力的真理力量。决议还明确揭示了中国共产党推进马克思主义中国化时代化的意义,这就是:展示了马克思主义的强大生命力,使马克思主义的科学性和真理性在中国得到充分检验,马克思主义的人民性和实践性在中国得到充分贯彻,马克思主义的开放性和时代性在中国得到充分彰显。

深刻理解"坚持党的领导"

新时代以来，在如何坚持和加强党的领导这个问题上，积累了不少新的理论认识和新的实践经验。对此，党的十九届六中全会通过的历史决议，在第四部分"开创中国特色社会主义新时代"、第六部分"中国共产党百年奋斗的历史经验"、第七部分"新时代的中国共产党"中，都作了重要论述。

关于党的领导，我们翻开《毛泽东选集》第一卷第一篇文章，上面就清楚写道："革命党是群众的向导"。新中国成立后，毛泽东同志的名言是："领导我们事业的核心力量是中国共产党。"邓小平同志在改革开放初期提出，党的领导是必须坚持的"四项基本原则"之一。习近平总书记在新时代提出，中国特色社会主义最本质的特征是中国共产党领导，中国特色社会主义制度的最大优势是中国共产党领导。党的十九届六中全会的决议总结的历史经验，第一条就是坚持党的领导。

一般说来，"党的领导"是从中国共产党及其引领的各项伟大事业之间的关系角度来定位的，更多体现党和"社会革命"的关系。"党的建设"主要指中国共产党自身的思想、组织、作风、纪律建设和反腐败斗争等方面，更多体现党的"自我革命"。但能不能够坚持党的领导，怎样才能加强党的领导，在中国共产党长期执政的历史条件下，关键在于党的自身建设。在新时代党的建设新的伟大工程中，特别加了一项内容，叫政治建设。因此决议还强调，要"以党的政治建设为统领"。

强调政治建设，自然是有针对性的。例如，党内曾经"存在不少对坚持党的领导认识模糊、行动乏力问题，存在不少落实党的领导弱化、虚化、淡化、边缘化问题，特别是对党中央重大决策部署执行不力"等。从理论上讲，党中央集中统一领导是党的领导的最高原则，加强和维护党中央集中统一领导是全党共同的政治责任。因此，坚持党的领导首先要旗帜鲜明讲政治，保证全党服从中央。

基于这些认识上的深化，新时代以来，以习近平同志为核心的党中央，突出强调坚持党的领导，进而使之成为党的建设的一个独立范畴和一个专门的工作领域。党的十九届四中全会的决定谈到中国特色社会主义制度的显著优势时，就已把中国共产党的领导作为专门一项内容独立出来了。十九届六中全会通过的决议，谈新时代13个领域的成就时，分设"坚持党的全面领导"和"全面从严治党"两个方面，主要是突出新时代推进党的建设伟大工程的两个鲜明特点。

"党的领导"的内涵是什么？主要是全党必须自觉在思想上政治上行动上同党中央保持高度一致，提高科学执政、民主执政、依法执政水平，提高把方向、谋大局、定政策、促改革的能力，确保充分发挥党总揽全局、协调各方的领导核心作用。

这当中，有两层意思很重要。其一，党的领导必须是全面的。东西南北中、党政军民学，党是领导一切的，要把党的领导落实到党和国家事业各领域各方面各环节，健全党的领导制度体系，完善党领导人大、政府、政协、监察机关、审判机关、检察机关、武装力量、人民团体、企事业单位、基层群众性自治组织、社会组织等制度,确保党在各种组织中发挥领导作用。其二,党的领导力必须是坚强的、有权威的,是集中和统一的,体现在党的政治领导力、思想引领力、群众组织力、社会号召力等各方面都要坚强。

怎样才能落实和保证党的全面和坚强领导?前提是深入推进新时代党的建设新的伟大工程。不把党自身建设好,党的领导就会出问题,就不会坚强。关于党的建设,第三个历史决议提出一个新的时代课题,这就是"建设什么样的长期执政的马克思主义政党、怎样建设长期执政的马克思主义政党"。在这里,"长期执政"主要体现的是党的领导,"马克思主义政党"主要体现的是在党的建设中如何彰显党的性质宗旨和思想政治品格。回答好这个时代课题,某种程度上就是要跳出"历史周期率"。

习近平总书记在党的十九届六中全会第二次讲话中,特地提到了毛泽东同志和黄炎培在延安的"窑洞对"。习近平总书记说:我们党历史这么长、规模这么大、执政这么久,如何跳出治乱兴衰的历史周期率?毛泽东在延安窑洞里给出了第一个答案,这就是"只有让人民起来监督政府,政府才不敢松懈";经过百年奋斗特别是党的十八大以来新的实践,我们党又给出了第二个答案,这就是"自我革命"。这里说的"接受人民监督"和"自我革命"两个答案,表明要保证党的坚强领导,必须要有内外两种压力、内外两条途径。

为了坚持和落实党的全面和坚强领导,第三个历史决议强调:"党确立习近平同志党中央的核心、全党的核心地位,确立习近平新时代中国特色社会主义思想的指导地位","对新时代党和国家事业发展、对推进中华民族伟大复兴历史进程具有决定性意义"。

怎样理解这个"决定性意义"?全党和中央有政治领导核心,全党有成熟的马克思主义中国化理论的指导,党的领导才可能有力量,才能是坚强的。邓小平同志1989年6月16日在同几位中央负责同志谈话时指出:"任何一个领导集体都要有一个核心,没有核心的领导是靠不住的。第一代领导集体的核心是毛主席。因为有毛主席作领导核心,'文化大革命'就没有把共产党打倒。第二代实际上我是核心。因为有这个核心,即使发生了两个领导人的变动,都没有影响我们党的领导,党的领导始终是稳定的。"①

从历史经验看,在遵义会议以前,由于党内没有形成领导核心、缺少成熟的中国化马克思主义理论的指导,党是不成熟的。遵义会议后逐步走向成熟,最终在1943年3月,中央正式决定毛泽东同志担任中共中央政治局主席、中央书记处主席,并且有最后决定之权。由此实至名归,毛泽东同志的核心地位确立了。正是在这一年,党内领导同志正式提出"毛泽东思想"这个概念,并确认其为中国革命的指导理论,是马克思主义基本原理同中国具体实际相结合的产物。从那以后,党领导的事业从胜利走

---

① 《邓小平文选》第三卷,人民出版社1993年版,第310页。

向胜利。

改革开放初期，如果不形成以邓小平同志为核心的党的第二代中央领导集体，要开创中国特色社会主义事业，是难以想象的。在改革开放和社会主义现代化建设的历史时期，如果不形成中国特色社会主义理论体系，要取得那么大的成就，也是难以想象的。

在中国特色社会主义新时代，如果没有"两个确立"，要推动党和国家事业取得历史性成就、发生历史性变革，取得13个方面的伟大成就，是难以想象的。同样，在新的"赶考"路上，要继续推进中华民族伟大复兴历史进程，也是难以想象的。所以说，"两个确立"是以史为鉴、开创未来最根本的政治保证，也是党未来经受各种风险挑战考验的坚强保证，更是始终保持全面的、坚强的党的领导的根本保证。

理论强党一百年

中国共产党为什么能,中国特色社会主义为什么好,归根到底是因为马克思主义行!这个论断,揭示出百年党史中的理论自信,同时表明:马克思主义没有辜负中国和中国共产党,中国和中国共产党没有辜负马克思主义!

中国共产党一直强调必须有自己的"主心骨"。什么是"主心骨"?就是干事业的指导理论。毛泽东同志说,"领导我们事业的核心力量是中国共产党。指导我们思想的理论基础是马克思列宁主义。"应该说,这两句话揭示了我们党一百年辉煌历史的精髓。

有力量没有理论,可能蛮干盲动;有理论没有实践力量,理论容易成为空谈。一百年来,中国共产党之所以能够带领人民创造一个又一个震惊世界的奇迹,中国共产党探索开创和坚持发展的中国特色社会主义道路,之所以能够引领中华民族伟大复兴进入不可逆转的历史进程,归根到底,是因为有马克思主义这面旗帜、这个指导理论、这个"主心骨"。"归根到底是因为马克思主义行",揭示了理论强党一百年的真谛。

习近平总书记在庆祝中国共产党成立100周年大会上的重要讲话,立足中国共产党百年华诞的重大时刻和"两个一百年"历史交汇的关键节点,回望光辉历史、擘画光明未来,是一篇马克思主义纲领性文献。讲话强调,"以史为鉴、开创未来,必须继续推进马克思主义中国化"。这一重要论断,充分体现了我们党高度的理论自觉和理论自信,为新时代进一步坚持和发展马克思主义,进一步坚持和贯彻思想建党、理论强党提供了遵循和指南。

一百年前,我们党成立的时候,一切政治的、经济的、军事的资源,都掌握在帝国主义、封建主义、官僚资本主义手里。而我们党当时手无寸铁,看起来没有什么力量,仅有心中装着的"主义"和用理论武装起来的头脑。但是,正是因为我们党理论、纲领、意识形态的科学性、正义性、时代性,因而具有很强的动员力、说服力与凝聚力。这是党的资源和优势,是非常厉害的"武器"。这个武器的名称,就叫马克思主义理论。

一百年来,中国共产党风雨兼程、筚路蓝缕,经历无数磨难,从50多名党员的弱小政党,成长为拥有9500多万名党员、领导着14亿多人口大国、具有重大全球影响力的世界第一大执政党。奥秘在哪里?奥秘就在于,我们党始终把马克思主义理论作为自己的行动指南。我们党一路走来,一刻没有离开理论思维,一刻没有离开思想指引,始终坚持理论强党,保持理论上的清醒,带动思想上的自觉、行动上的扎实和政治上的坚定,这就叫"思想伟力"。毛泽东同志强调,"共产党不靠吓人吃饭,而是靠马克思列宁主义的真理吃饭"。习近平总书记指出:"中国共产党为什么能,中国特色社会主义为什么好,归根到底是因为马克思主义行!"他们说的,事实上就是"理论强党"。

理论为什么能够强党?理论是怎样强党的?

第一,理论强党,强在马克思主义理论拥有信仰的力量。

真理的力量,就是信仰的力量。习近平总书记深刻指出,对马克思主义的信仰,对社会主义和共产主义的信念,是共产党人的政治灵魂,是共产党人经受住任何考验的精神支柱。① 马克思主义是中国共产党的灵魂和旗帜。正如毛泽东同志所说,"主义譬如一面旗子,旗子立起了,大家才有所指望,才知所趋赴。"

一个政党没有理论的凝聚和指引,就会失去灵魂,迷失方向。夏明翰烈士牺牲前,高歌"砍头不要紧,只要主义真。杀了夏明翰,自有后来人",充分体现了主义和理论的信仰,能够唤起多么震撼人心的凝聚力和战斗力。在中国特色社会主义新时代,马克思主义理论仍然是我们党不可或缺的精神之"钙",是中国共产党不断强大的思想基因,是统一全党意志和行动的旗帜和方向。

第二,理论强党,强在马克思主义理论拥有实践的力量。

实践是理论的基础,科学理论对实践又具有巨大指导作用。在人类社会发展的浩瀚历史中,先进的思想总是与非凡的事业彼此辉映,科学的理论总是与伟大的实践相互激荡。马克思主义理论是中国共产党在改造世界的实践中不断强大起来的科学工具和

---

① 《习近平谈治国理政》第一卷,外文出版社2018年版,第15页。

科学方法，是我们"做好一切工作的看家本领"。在党的历史上，凡是善于用科学理论来解决实际问题，党就兴盛；凡是不善于用科学理论来解决实际问题，就会出现失误。

习近平总书记指出："马克思主义使我们党拥有了科学的世界观和方法论，拥有了认识世界、改造世界的强大思想武器。"正是靠这个思想武器，中国共产党才体现出非凡的实践能力，才能克服前进道路上遇到的难以想象的困难。一百年来，我们党坚持以马克思主义为指导，运用辩证唯物论和历史唯物论，去认识世界、把握规律，进而有效地改造世界。这当中，就包括正确处理主观与客观、理论与实践、自我革命与社会革命、上层建筑与经济基础、生产关系与生产力、集体与个人、民主与集中、党的领导与人民群众的历史主体地位等一系列重大关系。今天，我们要运用科学理论，进一步深化对共产党执政规律、社会主义建设规律、人类社会发展规律的认识，让真理的光芒照耀前行之路。

第三，理论强党最关键的一招，是不断推进马克思主义中国化时代化。

习近平总书记指出："我们党开辟的新民主主义革命道路、社会主义革命道路、社会主义建设道路、中国特色社会主义道路，都是把马克思主义基本原理同中国具体实际相结合的伟大创造。"这一伟大创造，深刻改变了中国，也极大地丰富和发展了马克思主义。在这一伟大创造的历史进程中，我们党立足于时代和实践的需要，坚持解放思想和实事求是相统一，从中国实际出发，洞察时代大势，把握历史主动，进行艰辛探索，不断推进马克思主义中国化时代化，不断推进理论创新，创立了毛泽东思想、邓小平理论，形成了"三个代表"重要思想、科学发展观，进而指导中国人民不断推进伟大社会革命。

毛泽东同志说过，"自从中国人学会了马克思列宁主义以后，中国人在精神上就由被动转入主动"。所谓精神上的主动，就是从实践到理论的创新自觉，就是在坚持马克思主义基本原理的基础上，不断发展马克思主义理论的创造能力。马克思主义中国化的理论成果，具有既一脉相承又与时俱进的理论品格。党的十八大以来，以习近平同志为主要代表的中国共产党人，顺应时代发展，从理论和实践结合上系统回答了新时代坚持和发展什么样的中国特色社会主义、怎样坚持和发展中国特色社会主义这个重大时代课题，创立了习近平新时代中国特色社会主义思想。习近平新时代中国特色社会主义思想，是党的十八大以来实践经验的集中总结，是改革开放40多年、新中国成立70多年、中国共产党成立100年来历史经验的深刻凝练，是马克思主义中国化时代化最新成果，是当今时代最现实、最鲜活的马克思主义。

新的征程上，我们必须坚持马克思列宁主义、毛泽东思想、邓小平理论、"三个代表"重要思想、科学发展观，全面贯彻习近平新时代中国特色社会主义思想，坚持把马克思主义基本原理同中国具体实际相结合、同中华优秀传统文化相结合，用马克思主义观察时代、把握时代、引领时代，继续发展当代中国马克思主义、21世纪马克思主义！

早期中国共产党人的精神气象

党的一大前各地早期组织成员，属于建党群体。一大以后到大革命失败前参加中国共产党的，被称为早期中国共产党人。这两拨人，可统称为早期中国共产党人。

早期中国共产党人，为什么出发，是怎样出发的，他们有什么样的精神气象，弄清楚这个大问题，可以加深我们对学史明理、学史增信、学史崇德的理解。

建立中国共产党，是先进知识分子主动因应和把握时代大势的群体性选择

党的一大前，各地早期组织的成员，现在统计的有58位。参加一大，到底有多少代表，有12人之说，有13人之说。《中国共产党简史》的表述方法是，先列出12位代表的名字，再加一句："包惠僧受陈独秀派遣，出席了会议。"这样讲，是叙述性

的，很客观。他们代表着全国58名党员，建立了中国共产党。

但是，我们不能说，当时就只有58个人相信马克思主义。不在这个名单中的其他一些人，也应该视为建党群体中的重要成员。例如，蔡和森、恽代英等。

蔡和森是第一个提出党的名字叫"中国共产党"的人。1920年9月，还在法国的蔡和森给毛泽东写了一封长达6000余字的信，详细阐述了成立共产党及其国际组织的必要性，还主张"明目张胆正式成立一个中国共产党"。尽管蔡和森没有参加一大，也不在58个党员的名单之中，而且在长沙早期共产党组织里也没有他，但是，在建党成员中，他的地位与贡献和58位党员是不相上下的。

又如恽代英。他虽然没有参加中共一大，也不在58位党员之中，但他在1920年夏组建了一个被称为"波社"的先进社团，其成员拥护无产阶级专政，拥护无产阶级在革命中的领导权，拥护苏维埃，赞成组织俄国式的党。

还有，在四川的吴玉章、杨闇公等。因为当时位置、信息等较为闭塞，直到1924年1月，他们都还不知道已经建立了中国共产党。而他们自己也成立了中国青年共产党，还与共产国际一直联系紧密。到中共二大召开时，他们得知有了中国共产党，就立即把中国青年共产党解散，全体人员都参加了中国共产党。

此外，还有张太雷。他是属于58位党员中的第一批党员。1920年，张太雷在北京参加了李大钊发起成立的中国共产党早期组织，成为中国共产党最早的党员之一。次年春，他受李大钊委派，先后赴苏联工作、学习，任共产国际远东处中国科书记，并于1921年6月以中国的共产党员身份参加了共产国际第三次代表大会，在大会上谈到了中国国内共产党的组建情况，他的发言还被收录到《张太雷文集》中。其后，多次陪同共产国际派往中国的代表会见李大钊、陈独秀等，并参与中国共产党的创建。

除这些人之外，全国各地还有很多先进知识分子选择社会主义、选择马克思主义、选择共产主义，说明这是当时很重要的时代大势。当时有"四个大势"：五四运动和马克思主义的广泛传播，使先进知识分子有可能依据一种新的科学理论来组织起一个政党；中国工人阶级作为崭新的政治力量登上历史舞台，理论和实践的结合有可能产生一个完全新型的革命政党；俄国十月革命的成功，让先进知识分子看到一种新的救国道路和新的希望；向西方寻求真理的人们，对第一次世界大战后萧条的资本主义社会，特别是帝国列强在巴黎和会上的行径，大为失望。正是从这个意义说，中国共产党的出现，不是个别人萌生的偶然想法，而是"应运而生"，有其必然性和趋同性，是当时先进知识分子把握时代进步潮流的群体性选择，体现了他们善于敏锐地因应和把握大势的精神气象。

早期中国共产党人，大多是知识分子出身。他们对各种理论思潮进行比较后才确立信仰，因而对自己的选择拥有思想自觉和政治自觉

早期中国共产党人，基本上都是知识分子。这是马克思主义政党的共性。因为马克思主义作为一种先进理念，首先在知识分子中间传播，让知识分子接受，知识分子掌握了这个思想武器，才去动员发动工人和农民。而且知识分子要创立一个党，其代表谁？自然就是马克思主义说的，代表无产阶级。中国共产党后来的创造性在于，其代表的，除了工人阶级，还有农民等，代表最广大人民利益，代表中华民族利益。

  早期中国共产党人面临的选择很多，当时流行的各种主义比比皆是。所以，当时全国有300多个具有政党性质的社团。我们来看毛泽东确认信仰马克思主义、共产主义的思想过程。1921年元旦，28岁的毛泽东在新民学会长沙会员大会上请与会的20多人讨论，要选择怎样的信仰。当时摆在他们面前的有五种选择：社会政策、社会民主主义、激进方法的共产主义（列宁的主义）、温和方法的共产主义（罗素的主义）和无政府主义，最后，经过反复比较研究，觉得激进方法的共产主义是可以预计效果的，可以采用。他还说，罗素温和的共产主义，"理论上说得通，实际上做不到"。毛泽东还写信跟蔡和森谈到：我们选择共产主义不是说放着很好的路不走，偏要走这条路，而是无路可走的情况下的一种"变计"。意思是经过比较，只能走这条路才有前途生机。

  这就是知识分子建党的思想自觉和政治自觉，也就是我们今天说的，理论上的清醒，有助于做到政治上的坚定。可以说，那代人对马克思主义行不行、社会主义好不好、共产党能不能干成，有没有未来，是反复思考才作出选择的。多数人都有发自内心的信念，对初心使命，有恒心，能坚持。

早期中国共产党人，大多有文化艺术气质，很方便把自己的革命意志、政治信念转化成一种文化自信，因而拥有人格感染力

基本上属于知识分子的早期中国共产党人，大多具有文化艺术气质，因而很方便、有渠道把他们的政治信念转化成一种文化表达和文化自信，这是其他政党很少有的特点。

他们把信仰转化成文化自信的可能性或途径有很多，早期建党的知识分子中，有做出版工作的，有的人是编辑，还有的人是记者等，对建党的贡献很大，即使陈独秀、李大钊也都是宣传大家。例如，陈独秀研究的是文字学，李大钊是学法律的而且诗歌写得好，留下的散文也很多；瞿秋白是作家、翻译家，印章刻得很好，是一个典型的文化人。这种文化气质对他们坚定信念有什么作用呢？以瞿秋白为例，他是首个将《国际歌》翻译成中文的人，他在牺牲的时候，坦然走向刑场，迎着刽子手的屠刀走去，并说人生有大休息、有小休息，过去忙于革命，很少大休息，现在我可以大休息了。这种信念、这种境界、这种气象，是这代共产党人所独具的文化气质所带来的，他们对政治信念的自信感、对革命事业的崇高感，体现得淋漓尽致。

再如陈毅，早期写过小说，后来写诗，如《梅岭三章》，他通过诗歌把自己坚定的信念和理想传达了出来。

毛泽东更是不必多说，是一位著名的诗人，一生诗篇众多，越是逆境、危急之时，诗情越是恣肆张扬。他的很多诗歌都是经典之作，至今被人们吟诵、品评。

周恩来的诗虽然不是很多，但他的文化自觉和文化自信，我们也可以充分感觉到。周恩来在青年时代写的是新诗，也写一些旧体诗。甚至到了晚年，他还跟侄子们说，我年龄大了，早晚有退休的一天，退下来以后我就写长篇小说，还让侄子们帮他收集素材。他说，巴金写过一部小说叫《家》，很有名；自己也要写一部长篇小说，就写他们周氏家族。可见，他荡漾在内心深处的文化气息，弥漫在他作为一名共产党人的信念和理性思维。

早期的共产党人是被先进文化武装起来的。越到关键时候、曲折艰难时刻，他们越能体现出一种深厚的文化自信带来的人格力量。

早期中国共产党人，多是中等家庭出身，投身中国革命洪流，不是为了谋个人的出路

信仰了马克思主义的早期共产党人，大多经历了深刻的思想洗礼。他们大多出生于中等家庭，一般来说，中等家庭出生的人经过奋斗，基本上都会有比较好的前途。但是他们选择加入中国共产党，选择了信仰马克思主义以后，就义无反顾地舍弃美好前途，投入中国革命的洪流。

张太雷，1920年天津北洋大学毕业，当时他的毕业证都刻印完毕，他本人却没有参加毕业典礼。这张毕业证至今留在天津大学，成为其档案馆的镇馆之宝。当时的天津北洋大学法政科毕业

的学生,是有一个美好的前途的,但他选择了中国共产党,选择了为党的事业贡献力量。更典型的是彭湃,为了给农民谋幸福,竟把自己名下的田地分给了农民。这说明先进分子选择马克思主义、加入中国共产党,不是为了谋个人的出路,而是从个人奋斗转向为"大我"奋斗。这中间的思想转变,就是今天说的"自我革命"。勇于自我革命是中国共产党区别于其他政党的显著标志,也是践行初心、担当使命的人格道德前提。

由此,在中国共产党的组织内,形成一种特殊的社会关系,拥有一种对待利益、对待同志关系的高尚道德追求。他们为自己设定的道德标准也很高。为此,毛泽东同志在延安时期发表的《纪念白求恩》,提出要做一个高尚的人,一个纯粹的人,一个有道德的人,一个脱离了低级趣味的人,一个有益于人民的人。

这种道德感带来两个好处:一是为了别人。在处理自己和集体的关系时,为了集体能够付出自己;二是同志内部相互之间形成一种特殊的文化纽带关系。这一文化纽带关系,让我们能更深刻理解什么是同志关系。

1920年,瞿秋白以记者的身份赴苏俄采访并写下两本书:《饿乡纪程》与《赤都心史》。在此期间,因苏联经济困难,他把自己的金壳表赠给了苏联政府,苏联政府为答谢他,又回赠了一块钢制怀表。瞿秋白带着这块钢制怀表工作。1931年,沈泽民从苏联回来,被选为中央委员,受党中央的派遣到鄂豫皖任省委书记。临走之时,瞿秋白把自己的钢制怀表送给了沈泽民,理由是:你到苏区可能要指挥打仗,需要怀表。沈泽民就带着这块怀表到了鄂豫皖，指挥红军打了几场仗。其中有一场跟徐海东发生了矛盾，意见达不成一致，结果证明是沈泽民错了。后来沈泽民就主动找徐海东承认错误，临走的时候，他看到徐海东没了手表，就问：你的手表呢？徐海东说不小心摔坏了。沈泽民就把怀表送给了徐海东，并说，我身体不好，要在后方养身体，你在前方打仗不能没有怀表，把怀表送给你。徐海东就带着这块怀表，参与了鄂豫皖战斗、长征以及陕北转战。

1939年，抗日战争时期，徐海东任八路军115师一个旅的旅长。后来受到指派，要到苏北新四军去，临走的时候，他去见彭德怀，并说抗日战争以来在你的领导下打了这么多仗，也没有什么礼物送给你，就送你一块怀表吧，这个怀表是沈泽民送给我的，沈泽民说是瞿秋白送给他的。于是，彭德怀就收下了。彭德怀拿着这块怀表指挥了百团大战等重要战役。1946年，经历4年牢狱之灾的瞿秋白之妻杨之华从新疆被释放回到延安，彭德怀听说杨之华到了延安，才想到他的那块怀表最早的主人是瞿秋白。后来彭德怀就找到杨之华，把怀表完璧归赵。如今，这块怀表收藏在中国人民革命军事博物馆。

这就是同志关系，他们表达感情的方式，就是把自己最珍贵的和最需要的东西交付对方。这就是那代人的感情，那代人对利益的概念，那代人的道德情怀。

早期中国共产党人，年青人居多，充满朝气和活力，由此塑造了中国共产党顽强的生命活力和旺盛的事业创造力

100年前建党的那批人，除了极个别属于"80后"，基本上都是"90后"，还有少数是"00后"。当然，这个"80后""90后""00后"要比现在早一个世纪。当时建党的主体是"95后"，如今的"95后"正是风华正茂。回望百年，驻足脚下，中国共产党也依然朝气蓬勃，是个年轻的政党。这个年轻的政党对早期中国共产党的形象几乎难以复制，他们都是接受过五四新文化运动洗礼的。再从年龄结构来看，在中国共产党成立以后，除了陈独秀年长一点之外，其他都是20来岁、30多岁的人。有人做过粗略统计，大革命失败以后，瞿秋白、李立三先后主持工作。瞿秋白当时28岁，李立三29岁。任弼时23岁被选入中央政治局，24岁入选中央政治局常委，是党史上最年轻的政治局委员。邓小平25岁到广西领导百色起义和龙州起义，创建红七军、红八军。陈云进入中央政治局担任常委也就29岁。在根据地指挥打仗的红军的军长、师长，也大多是20多岁的人……

这是一个由年青人组建的政党，靠年青人干事的政党。年青人想问题比较乐观，往前看，着眼未来，遇到大事敢干、敢承担，敢于发表意见。充满活力，充满激情。这些，是早期中国共产党人很重要的政治能量和政治优势。

中国共产党经历了两次高潮、两次低潮，直到确立毛泽东同志在党内的领导地位，才结束了不成熟的状态

历经百年的中国共产党从理论到制度，各方面都已经非常成熟，我们要格外珍惜。然而，早期中国共产党的中央领导层尚不成熟。

邓小平同志讲过，遵义会议以前没有形成成熟的有能力的党中央。一群年青人领导一个年轻的政党，带有不成熟的特点在所难免。原因在于，当时时局恶劣，中央领导层不稳定，选择中央领导人时，又经常要由共产国际来主导安排，没有能够把马克思主义中国化、建立起自己的能够武装头脑的理论。所以在这种不成熟的过程中，中国共产党经历了两次高潮、两次低潮，直到确立毛泽东同志在党内的领导地位，才结束了这种不成熟的状态。

为什么中国共产党选择了毛泽东？首先，对比一下毛泽东之前的历任领导，他们都是知识分子，理论水平很高，但军事领导能力不高。在革命年代，一个政党要生存，领导人的军事统帅能力是很重要的一个方面。其次，早期的中国共产党在理论上不成熟、组织上不独立，很多事情需要共产国际的批准和认可，这就导致了只能照搬苏联经验，而以毛泽东为代表的实事求是派所著理论和所经历的实践却不被认可，这也是毛泽东之前历任领导没有站住的重要原因。

毛泽东同志为什么能脱颖而出？首先，他是军事领袖，长征、遵义会议复出以后，在军事上，毛泽东展现了杰出的能力和才华。其次，到了陕北以后，在1938年党的六届六中全会上，刚从苏联回国的王稼祥传达了共产国际的意见，确定毛泽东同志的领导地位，共产国际支持毛泽东作为政治上的领袖来处理中国的问题。这样，他从一个军事领袖到了一个政治领袖。最后，通过延安整风等运动，毛泽东又成为理论上的领袖。从军事、政治到理论，毛泽东完成了作为被历史和中国共产党选择的领袖的过程。

这里着重讲述一下，理论上成熟的重要性。

理论上的成熟对于中国共产党的发展壮大和中国共产党走出早期的不成熟，起着至关重要的作用。正是长征到达陕北后，毛泽东在军事上写出《中国革命的战争战略问题》《论持久战》，在哲学上写出《矛盾论》《实践论》，在政治上写出《中国革命与中国共产党》《〈共产党人〉发刊词》《新民主主义论》，在文化上发表《在延安文艺座谈会上的讲话》，在经济上写就《陕甘宁边区的财政经济问题》，在党的建设上，《改造我们的学习》《反对党八股》《整顿党的作风》，三篇文章推进延安整风，还有统一战线的政策和策略，等等。一系列切合中国革命实际的哲学、政治、经济、文化、军事、党建论著，实现了马克思主义中国化，全党接受了思想上的洗礼，这就为中国共产党走向成熟奠定了思想理论基础。

吴玉章说过，《论持久战》的发表使毛泽东赢得了全党同志发自内心的赞许甚至崇拜，从而最终确立了他在党内无可替代的领袖地位和崇高威望。所以,《论持久战》的发表,毛泽东以他对马克思主义哲学娴熟应用和对抗日战争的透彻分析,征服了全党同志,当时的中国共产党人感到十多年的历史终于锻炼并筛选出自己的领袖。

毛泽东在延安时期的代表性论著,大多在 1942 年底以前陆续发表。正是 1942 年,全党开始普遍整风。1943 年 3 月,共产国际要解散了,中共中央正式决定,毛泽东担任中共中央政治局主席、中央书记处主席,中央书记处讨论的问题,主席有"最后决定之权"。1943 年 7 月,党内正式提出"毛泽东思想"这个概念。

关于早期中国共产党人的精神气象,客观讲,这当中有一个大浪淘沙的过程

知识分子出身,有理论,有信仰,但终归要和实践结合,和工农结合,才能成熟,才能奋斗到底,才有未来。因此,一路前行,就会出现大浪淘沙的情况。早期有的共产党人,后来也有落后于时代的,甚至叛变的人。

主要有三种情况。

第一种,始终在党,经受了考验。他们一生奋斗,走到新中国,不少人在路途当中倒下了,牺牲了。这是主流。例如,从党的一大到党的七大,当选的中央委员和中央候补委员,一共有 170 人,新中国成立前牺牲和病逝的有 51 人,约占三分之一。

第二种,脱党了。大革命高潮时有 5.8 万党员,大革命失败

以后只剩下 1 万多人,其中一些人被国民党反动派杀害了,其他人到哪去了?脱党了。但其中不少人是脱党而不反党,有的在思想理论上还坚持马克思主义,继续做进步的事情。例如,李达、茅盾、郭沫若,他们依然在创造、传播先进文化。

第三种,走向反面。他们从"红船"出发,但是半途跳船了,跳了以后还要拿斧头去凿共产党这艘船。这当中最典型的代表是陈公博、周佛海、张国焘这些人,是极少数。

沐浴源头清水　永葆理论自信

习近平总书记在纪念马克思诞辰 200 周年大会上指出，马克思主义奠定了共产党人坚定理想信念的理论基础。我们要全面掌握辩证唯物主义和历史唯物主义的世界观和方法论，深刻认识实现共产主义是由一个一个阶段性目标逐步达成的历史过程，把共产主义远大理想同中国特色社会主义共同理想统一起来、同我们正在做的事情统一起来，坚定中国特色社会主义道路自信、理论自信、制度自信、文化自信，坚守共产党人的理想信念，像马克思那样，为共产主义奋斗终身。

人们在行为实践中最深刻的自觉，最顽强的坚守，正是来自思想理论和价值理念的自信。夏明翰牺牲前高歌，"砍头不要紧，只要主义真"，真谛即在于此。由此，牢固树立理论自信，是新时代坚持和发展中国特色社会主义的灵魂要件。

近代以来，为实现救国、兴国和强国的梦想，中国共产党人经历了寻找"主义"、坚持"主义"、发展"主义"、创新"主义"的过程，由此实现了马克思主义中国化时代化的飞跃：创立毛泽东思想，是马克思主义中国化的第一次历史性飞跃；形成中国特色社会主义理论体系，实现了马克思主义中国化新的飞跃；创立习近平新时代中国特色社会主义思想，实现了马克思主义中国化时代化新的飞跃。

中国共产党人的理论创新，是在接受和信仰马克思主义的前提下开始的。

我们走了很长的路，干了许多的事。有时候，不免回头看看来路，问问出发的初心。这一看，就看到一个留着大胡子的老人；这一问，就问出一个永远年轻的真理。这个老人叫卡尔·马克思，如果在世，今年刚好200岁；这个真理叫马克思主义，产生至今，刚好170年。

其实，马克思并不老。他和恩格斯写出《共产党宣言》，给马克思主义正式填写"出生证"的时候，仅仅30岁，一生也只走了65年的行程。说马克思不老，最根本的依据当然还是因为他拥有一颗永远年轻的头脑，因而创造了永远不老的"主义"。说马克思主义不老，是因为它一来到人间，便开始衍生出无穷的实践力量，从而改变了世界；更因为马克思主义不断地被其忠实信仰者和勇敢实践者们在坚持中发展，至今都散发出科学真理的创造活力，如在中国。

和发现、确立真理一样，掌握和运用真理，进而拓展人类社会进步发展的光明前景，是一条崎岖难行却又风景可人的路。在马克思与世长辞的时候，恩格斯悲痛地说："这位巨人逝世以后所形成的空白，不久就会使人感觉到。"① 把马克思主义作为指导理论的中国共产党人，坚持和发展这个真理，经过一代又一代的接续奋斗和艰辛探索，逐步填补了伟人身后留下的空白，开拓出一条中国特色社会主义道路。

回看来路是为了不忘初心；不忘初心，是为了继续前进；更好地前进，就必须坚持和发展马克思主义。习近平总书记指出："马克思主义指引中国成功走上了全面建设社会主义现代化强国的康庄大道，中国共产党人作为马克思主义的忠诚信奉者、坚定实践者，正在为坚持和发展马克思主义而执着努力！"这一重要论述，揭示了"坚持"和"发展"的理论逻辑和历史逻辑。为感悟马克思主义的真理力量，追溯马克思主义政党保持先进性的理论源头，党的十八大以来，中央政治局的集体学习，有五次的主题分别是历史唯物主义基本原理和方法论、辩证唯物主义基本原理和方法论、马克思主义政治经济学的基本原理和方法论、当代世界马克思主义思潮及其影响、《共产党宣言》及其时代意义。最后一次，恰恰是在马克思诞辰200周年和《共产党宣言》发表170周年的时候。习近平总书记宣示：我们党开辟的新民主主义革命道路、社会主义革命道路、社会主义建设道路、中国特色社会主义道路，都是把马克思主义基本原理同中国具体实际相结合的伟大创造。因此，"中国共产党是《共产党宣言》精神的忠实传人"。

---

① 《马克思恩格斯选集》第三卷，人民出版社2012年版，第1002页。

这是何等的理论自信。

如果没有理论自信，就根本谈不上对中国特色社会主义道路的自信。反过来说，中国特色社会主义道路40多年来的成功实践，已经说明其理论指导的有效和科学，说明理论自信拥有充分的历史依据和深厚的实践基础。

对行进在中国特色社会主义道路上的人们来说，彰显理论自信，无疑要体味思想强大的魅力，接受马克思主义源头活水的沐浴，汲取继续前进的力量。比如——

我们为什么出发？因为有马克思在一个半多世纪以前揭示的共产主义远大理想的召唤。这种召唤，是今天的信仰者们不可或缺的"精神之钙"。

我们怎样前行？马克思主义作为观察世界的认识工具，改造世界的思想武器，实现理想的精神力量，是今天的信仰者们开拓前进做好实际工作的"看家本领"。

我们如何凝聚前行的力量？如果不了解、不熟悉马克思主义基本原理，就不可能真正了解和掌握中国特色社会主义理论体系，就不可能真正懂得中国特色社会主义为什么是凝聚中国力量的"共同理想"。

回望来路，不仅使我们欣然自慰于不断创造的辉煌历史，更让我们激励自信于我们眼前走的这条伟大道路。毛泽东同志说过，"自从中国人学会了马克思列宁主义以后，中国人在精神上就由被动转入主动"。所谓精神上的主动，也是理论自信的一种向外延伸，是信仰、理念、思想的定力，是在继承的基础上不断推动马克思主义理论创新发展的能力。正是在马克思主义中国化、时代化和大众化的历史进程中，中国共产党人在实践中不断吸收和融合中外文明的积极因素，创造和发展出毛泽东思想和中国特色社会主义理论体系，它们和马克思主义一起，成为代表中国先进文化前进方向，探索开创和坚持发展中国道路的灵魂内核。

每个阶段的先进人群，都用他们当时坚持和发展的"主义"来武装头脑，作为行动的"指南"。正是靠着对这些"指南"的自信，和这种自信氤氲而生的精气神，才使救国、兴国和强国之路不断拓展，并沿着正确的方向前进。延续到今天，便有了大势已成的中国道路呈现在人们的面前。如果没有理论自信，就根本谈不上对中国道路的自信。反过来说，中国道路的成功实践，已经说明其理论体系的有效和科学，说明理论自信拥有充分的历史依据和深厚的实践基础。

更重要的是，我们今天说的理论自信，绝非裹足不前的简单坚持，其根本的含义从来都体现为"一以贯之"和"与时俱进"两个方面。党的十八大以来，以习近平同志为核心的党中央坚持和发展了中国特色社会主义，及时回应和科学回答了中国道路在发展过程中面临的一系列重大时代课题，创立了习近平新时代中国特色社会主义思想，开拓了马克思主义发展的新境界，成为当代中国马克思主义、21世纪马克思主义，由此倍增了中国共产党人的理论自信。

正如习近平总书记所指出的，今天，我们纪念马克思，是为了向人类历史上最伟大的思想家致敬，也是为了宣示我们对马克思主义科学真理的坚定信念。前进道路上，我们要继续高扬马克思主义伟大旗帜，让马克思、恩格斯设想的人类社会美好前景不断在中国大地上生动展现出来！

马克思主义在中国的早期传播

在五四运动发生 100 周年之际,北京大学召开马克思主义早期传播学术研讨会暨《马藏》首发式,是新时代中国理论界做的一件非常有意义的事情。习近平总书记 2019 年 4 月 30 日在纪念五四运动 100 周年大会上指出:五四运动,"促进了马克思主义在中国的传播,促进了马克思主义同中国工人运动的结合,为中国共产党成立做了思想上干部上的准备,为新的革命力量、革命文化、革命斗争登上历史舞台创造了条件"。正是五四运动前后思想文化界的面貌巨变,急速催生了开天辟地的马克思主义的政治实践,使中国历史发展有了新方向。因此,纪念五四运动,不能不谈马克思主义早期的传播,不能不谈马克思主义的中国化进程,以及《马藏》的编纂和出版。

为此,笔者和大家分享四点想法。

五四运动为马克思主义在中国的传播打开新天地

马克思主义早在19世纪90年代便被介绍到中国,但那是零星的和纯理论的介绍。到1917年,新文化运动的渐入佳境和俄国十月革命的成功,这内外两大因素,使马克思主义在中国的传播,开始引起比较普遍的关注。

1919年以爱国、进步、民主、科学为思想灵魂的五四运动,从根本上改变了马克思主义在中国的传播面貌。在这以后,马克思主义的传播,在先进分子看来,不再是隔岸观火的理论介绍,而是越来越紧密地和寻找有效可行的救国道路相联系,越来越紧密地和其他理论思潮相比较、相冲撞。在当时许多知识分子的视野中,各种各样自称是社会主义,实际上是无政府主义思潮,是和科学社会主义混杂在一起的,人们不大容易把它们分辨清楚。江亢虎创立的中国社会党影响就很大,以至于陈独秀已经和李大钊相约建党以后,还一度宣称,这个新党叫"社会党"。正是作为新民主主义革命开端的五四运动,为人们更清楚地传播和选择马克思主义打开了新天地;也正是在复杂的思想对比和冲撞中,马克思主义和社会主义得以脱颖而出,成为中国先进分子的信仰选择和救国道路。这也从一个侧面印证了列宁说的,"没有革命的理论,就没有革命的行动"。

马克思主义的传播,为中国共产党的成立筑就思想前提

五四运动后,马克思主义在中国的传播,有一个明显变化,就是从学术理论的研究和宣传,向政治理论和革命实践延伸。由思想理论引领的社会实践的演变,常常会出现这样一种有趣的现象。在社会大变动来临之际,各方面人群的批判目标是一致的,但是在信仰和建设目标上,常常分歧很大,有的甚至是南辕北辙。在这种情况下,就要看哪一种思想理论最有说服力,占据着道德制高点,回应着时代和人民的根本要求和愿望。一句话,就是看哪一种理论更科学,更有效。马克思主义在五四运动前后的传播中,在众多主义中脱颖而出,迅速被许多先进分子所选择,所信仰,所实践,就在于它的科学和有效。

我们说,李大钊是在中国传播马克思主义的第一人,不是从传播时间上来说的,而是因为他最早把马克思主义当作一种科学真理和人生信仰,当作一种要为之进行实践奋斗,进而建构未来社会的目标蓝图来传播的。他是传播者,也是信仰者,还是实践者。让马克思主义从思想到行动,是中国共产党得以诞生的前提。许多早期中国共产党人都有这样从说到干,从传播到实践的经历。相反,如果不把传播马克思主义同内在的信仰和外在的实践结合起来,就很难成为真正的共产党人。比如,1920年初委托陈望道翻译《共产党宣言》的戴季陶、邵力子,当时就是把马克思主义作为一种理论学说来传播的,结果,中国共产党成立不

久,一看动了真格的,要来一场在马克思主义指导下的革命实践,他们就退出来了。

中国共产党的成立和发展,为马克思主义中国化历史进程拓展广阔空间

马克思主义要在中国生根发芽,开花结果,一定要同中国的实际相结合。中国共产党成立以前,马克思主义在中国的传播,主要立足于译介者的个人理解和中国社会的需要。中国共产党成立以后,马克思主义在中国的传播过程,根本上属于不断中国化的过程。

中国共产党注重把马克思主义与中国革命实际结合起来运用,进而在实践中发展。随着时间的推移,中国的进步,这种自觉和自信的意识越来越强。这就是毛泽东同志说的,一方面"使马克思主义在中国具体化",一方面"使中国革命丰富的实际马克思主义化"。革命如此,建设如此,改革如此,马克思主义在中国的传播,事实上成为马克思主义中国化历史进程的传播,成为马列主义、毛泽东思想、邓小平理论、"三个代表"重要思想、科学发展观、习近平新时代中国特色社会主义思想的传播、研究和宣传。

马克思主义在新时代中国焕发出来的蓬勃生机，催生《马藏》这一马克思主义理论研究的重大基础性学术文化工程

马克思主义之所以在中国的发展过程中呈现出如此蓬勃的生机，从根本上来说，是因为它是科学规律和中国历史逻辑的统一。马克思主义和实现中华民族伟大复兴的梦想相结合，赋予一路走来的中国共产党以初心和使命。人们越往前走，越要回头看看，我们从哪里来，为什么出发，干了什么事，将要到哪里去？

习近平总书记2019年4月19日主持中央政治局第十四次集体学习时强调，对与五四运动有关的历史资料，"要加强对史料的分类整理和系统化研究"。汇集、编纂和出版《马藏》，就是这方面的重要成果。《马藏》不仅是研究和呈现马克思主义在中国的传播史，是研究和呈现马克思主义基本原理的基础性学术文化工程，而且是一项研究中国革命、建设和改革的历史进程，研究中国化马克思主义的发展逻辑，进而为新时代中国推进马克思主义中国化时代化的伟大事业提供思想资源的基础性工程。我们要从历史逻辑、实践逻辑与理论逻辑相结合的高度，讲清楚五四运动以来"为什么马克思主义能够成为中国革命、建设、改革事业的指导思想"。《马藏》的编纂出版，回应了这一理论使命。

建党精神·精神坐标·精神谱系

中国共产党从成立开始，就以思想引领时代，以信念塑造品格，以奋斗感召群众，以牺牲昭示永恒，由此形成了以伟大建党精神为源头的中国共产党人精神谱系。而精神谱系，是中国共产党一系列伟大精神的总称，实际上是由一个又一个的精神坐标连接和组成起来的。本文要说的就是建党精神、精神坐标、精神谱系这三个关键词。

何谓建党精神

建党精神，既是对"建党"这一开天辟地大事件的精神内涵的概括，又是中国共产党人此后奋斗的"精神之源"。

伟大建党精神是对中国共产党人精神谱系的高度凝练，是中国共产党人精神谱系的源和本、灵和魂，是贯穿中国共产党人精神谱系的一条红线。

建党精神的第一个内涵是坚持真理、坚守理想。

这里说的真理和理想是什么？是马克思主义，特别是中国化的马克思主义，是共产主义远大理想，在今天是中国特色社会主义这个共同理想。从精神气象上讲，重在对真理和理想的坚持和坚守。因为认识真理和选择信仰是一回事情，能不能够坚持和坚守是另一回事情。平常好像能够做得到，但是最考验人的是在最危机关头、最严峻时刻能不能去坚持和坚守。因此，人们最看重的就是坚持和坚守，而坚持和坚守在后来确确实实得到了非常生动的体现。比如，中国共产党身上有一个别的政党很少见的现象，就是早期的著名烈士大多留下了绝命诗，人们记忆非常深刻的是夏明翰那首"砍头不要紧，只要主义真。杀了夏明翰，还有后来人"。还有差点牺牲的陈毅元帅，写过《梅岭三章》，你看他的诗前小序："一九三六年冬，梅山被围。余伤病伏丛莽间二十余日，虑不得脱，得诗三首留衣底。"什么诗？"断头今日意如何，创业艰难百战多。此去泉台招旧部，旌旗十万斩阎罗。"被敌人包围，感觉突围无望，于是写诗明志，死了以后，依然要革命，到阴间里去造阎罗王的反。这是对革命理想高于天的最好诠释，革命真理和信仰的力量转化为人格力量，人格的力量由此爆发出强大的精神力量，这是伟大建党精神的第一个内涵。

建党精神的第二个内涵是践行初心、担当使命。

什么是初心使命？中国共产党一经诞生就把为中国人民谋幸福、为中华民族谋复兴，确立为自己的初心使命。这是共产党人当时为什么出发、怎么出发的历史逻辑和理论逻辑。例如，李大钊同志当时提出要让中国"复活",毛泽东同志说要"改造中国与世界",还说:"我敢说一怪话,他日中华民族的改革,将较任何民族为彻底。中华民族的社会,将较任何民族为光明。"这些,用今天的话来说就是中华民族伟大复兴。毛泽东同志当时还说到,我们团结起来要干什么事?就是要"谋我们种田人的种种利益,谋我们工人的种种利益",求得学生、女子、小学教师、警察、人力车夫,各色人的"解放和自由"。这些,用今天的话来说,就是为中国人民谋幸福。

当然,初心使命不能只停留在口号和文件上面,关键要去践行和担当。最能够彰显共产党人精神的方式,就是践行和担当。建党初期,有些曾经在建党过程中发挥作用的人,离开了党,原因之一,是他们把马克思主义,把社会主义,当作理论思潮来研究和推崇,一旦真的要去实干,要去实践,就犹豫起来。真正的共产党人不会只是坐而论道,一路走来,中国共产党总是在奋斗实践中来展现初心,逐步去实现使命的。

建党精神第三个内涵是不怕牺牲、英勇斗争。

这种精神气象的特点是视死如归、向死而生、一往无前、绝境重生,迸发出不被一切敌人压倒而是压倒一切敌人的英雄气概。为什么中国革命在别人看来是不可能成功的情况下居然成功了?一个成功的奥秘就在这里。

为建立人民当家作主的新中国,中国共产党领导人民在28年间几经曲折,经历了太多的磨难,牺牲了很多人。一种说法是有名有姓的烈士370多万,如果加上没有留下姓名的,有人统计是 1000 万，有人统计是 2000 万。中国共产党奋斗 28 年，一共 10200 天，平均每天大约要牺牲 370 个人，连续 28 年如此，除了中国共产党，世界上没有这样的政党。革命年代的幸存者，也都是伤痕累累。10 位开国元帅有 7 位受过重伤，其中刘伯承 9 次受伤，身上有 10 块弹片。10 位开国大将有 7 位身受重伤，受伤最多的是徐海东大将，身上有 20 多块弹片；粟裕大将 7 次重伤，去世以后火化时在头颅骨里面还残存着 3 块弹片，他后半生一直遭受着这 3 块弹片的痛苦折磨。在开国将军中，有 10 位是断臂将军，有两位是独腿将军，世界上可有这样的创业团队、这样的奋斗团队？没有。这就是英勇斗争、不怕牺牲的真实内涵。

一般来说，进行革命斗争越持久、越激烈、越曲折，意识形态的信仰就越深刻，精神的凝聚力和战斗力也就越强大，自身与时俱进不断创造的品格和能力也就越杰出，随后建立的制度也就越新颖、越合理、越稳定。

伟大建党精神的第四个内涵是对党忠诚、不负人民。

对党忠诚，主要是党性问题，是正确处理个人和组织的关系问题。不负人民，主要是宗旨问题，是正确处理党和人民的关系问题。这方面的例子就更多了，如张思德、雷锋、焦裕禄、孔繁森，等等。

精神坐标有多少

建党精神和精神谱系，是源和流的关系，是开创和发展的关系。

精神坐标与精神谱系，是点和线的关系，是个别与一般的关系。

回看中国共产党的历史，你总是绕不开许多重要人物、重要事件、重要会议、重要文献，还有许多重要地点，它们像地理或数学领域常讲的坐标那样，很方便人们去辨识、接近、体会那些远去的或眼前的风云行程。它们属于中国共产党一路走来的精神坐标和精神高地。

从中国共产党成立时的第一个精神坐标——建党精神，到新时代形成的最新的精神坐标——脱贫攻坚精神、北京冬奥精神，一百年来，中国共产党团结带领人民，孕育创造了多少个精神坐标呢？仅党和国家主要领导人谈到过、概括过、阐释过、提倡过的，就有数十个之多。党的十八大以来，习近平总书记就至少对二十多个精神坐标的内涵有过明确的概括和阐释。2021年9月，党中央批准了中央宣传部梳理的第一批纳入中国共产党人精神谱系的伟大精神。

新民主主义革命时期有：建党精神；井冈山精神、苏区精神、长征精神、遵义会议精神、延安精神、抗战精神、红岩精神、西柏坡精神、照金精神、东北抗联精神、南泥湾精神、太行精神（吕梁精神）、大别山精神、沂蒙精神、老区精神、张思德精神。

社会主义革命和建设时期有：抗美援朝精神、"两弹一星"精神、雷锋精神、焦裕禄精神、大庆精神（铁人精神）、红旗渠精神、北大荒精神、塞罕坝精神、"两路"精神、老西藏精神（孔繁森精神）、西迁精神、王杰精神。

改革开放和社会主义现代化建设时期有：改革开放精神、特区精神、抗洪精神、抗击非典精神、抗震救灾精神、载人航天精神、劳模精神（劳动精神、工匠精神）、青藏铁路精神、女排精神。

中国特色社会主义新时代有：脱贫攻坚精神、抗疫精神、"三牛"精神、科学家精神、企业家精神、探月精神、新时代北斗精神、丝路精神。

每个精神坐标，就是一尊精神丰碑。它们是一代又一代中国共产党人，在不同时期、不同环境、不同挑战面前奋斗前行的最突出的精神标识，集中彰显了中华民族和中国人民长期以来形成的伟大创造精神、伟大奋斗精神、伟大团结精神、伟大梦想精神。

这些精神坐标，比较完整地体现了中国共产党伟大而永远的历史进程，反映了党在不同历史时期的大历史脉络和大历史面貌，进而影响着党、国家和民族现实的面貌和未来的面貌。

党的精神坐标，是崇高的人格境界。它们来源于奋斗实践；它们属于中国共产党，同时属于人民；它们记载历史，也标识未来。从这个意义上讲，从建党精神到精神谱系，反映的是中国共产党一路走来的伟大历史和伟大精神。

精神坐标的内涵是怎样提炼出来的

中国共产党精神坐标的命名，大体说来有三种方式。

一是以人名来命名。 这种命名方式或以个体为单位，或以群体为单位。前者如张思德精神、雷锋精神、王杰精神、孔繁森精神等；后者如好八连精神、劳模精神、女排精神、科学家精神、企业家精神等，看得出，这当中有特指的群体，也有泛指的群体。

二是以地名来命名。其中，有曾作为党中央所在地的地名，或能够反映某个特殊时期党的事业全局性走向的地名，如井冈山精神、苏区精神、延安精神、西柏坡精神等；也有反映中国共产党人在局部区域牺牲奋斗的地名，如大别山精神、老西藏精神、红旗渠精神、北大荒精神、塞罕坝精神、特区精神等。

三是以事件来命名。以中国共产党历史上的某一重大事件来命名，如长征精神、抗战精神、抗美援朝精神、"两弹一星"精神、脱贫攻坚精神、抗疫精神等。

此外，还有以会议命名的精神坐标，如遵义会议精神等。

对精神坐标的内涵进行概括、提炼和总结，通常是随时代的发展而不断深化的。

比如井冈山精神。毛泽东同志没有对井冈山精神做过明确的阐释，但在他的论述中，"星星之火，可以燎原"谈的是坚定信念；"红军的物质生活如此菲薄"，"好在苦惯了。而且什么人都是一样苦"谈的是艰苦奋斗；"我们对于广大群众的切身利益问题，群众的生活问题，就一点也不能疏忽，一点也不能看轻"谈的是依靠群众。1965 年，毛泽东同志重上井冈山时把井冈山精神聚焦为"牺牲"和"艰苦奋斗"。他说："为了创建这块革命根据地，不少革命先烈牺牲了自己的生命，牺牲时都只有二十几岁呀！没有过去井冈山艰难的奋斗，就不可能有今天。""日子好过了，艰苦奋斗的精神不要丢了，井冈山的革命精神不要丢了。"

2001年6月4日，江泽民同志在江西考察工作时对井冈山精神的内涵进行了完整阐释。他说："井冈山精神，最重要的方面就是坚定信念、艰苦奋斗，实事求是、敢闯新路，依靠群众、勇于胜利。"2016年2月3日，习近平总书记在江西考察工作时，结合新的时代条件，把坚持和发扬井冈山精神最重要的方面，概括为"坚定执着追理想""实事求是闯新路""艰苦奋斗攻难关""依靠群众求胜利"。

又如长征精神。毛泽东同志谈及长征时，多次强调"红军不怕远征难"的不怕牺牲精神与"我们觉得是有希望的，不管怎样困难"的坚信革命必胜的精神。1938年，张闻天同志曾把长征精神概括为："为了自己的理想而牺牲奋斗与坚持到底的精神。"1986年10月22日，杨尚昆同志在纪念红军长征胜利50周年大会上，将长征精神概括为："就是对革命理想和革命事业无比忠诚、坚定不移的信念；就是不怕牺牲，敢于胜利，充满乐观，一往无前的英雄气概；就是顾全大局，严守纪律，亲密团结的高尚品德；就是联系群众，艰苦奋斗，全心全意为人民服务的崇高思想。"

在此基础上，1996年10月22日，江泽民同志在纪念红军长征胜利60周年大会上，将长征精神概括为："就是把全国人民和中华民族的根本利益看得高于一切，坚定革命的理想和信念，坚信正义事业必然胜利的精神；就是为了救国救民，不怕任何艰难险阻，不惜付出一切牺牲的精神；就是坚持独立自主，实事求是，一切从实际出发的精神；就是顾全大局、严守纪律、紧密团结的精神；就是紧紧依靠人民群众，同人民群众生死相依、患难与共，艰苦奋斗的精神。"之后，胡锦涛同志在2006年纪念红军长征胜利70周年大会上重申了这个表述。习近平总书记在2016年纪念红军长征胜利80周年大会讲话中，又从新的角度发挥了长征精神，说长征是"理想信念的伟大远征""检验真理的伟大远征""唤醒民众的伟大远征""开创新局的伟大远征"。

从精神坐标到精神谱系

将一个又一个的精神坐标连在一起，就构筑起了中国共产党人的精神谱系。正是在这个意义上，我们说中国共产党人有一条长波万里的精神长河，精神坐标无疑是它炫目多彩的风景处。这条长河的沿岸，镌刻着中国共产党的坚定信念、根本宗旨、优良作风，记录下中国共产党人艰苦奋斗、牺牲奉献、开拓进取的伟大品格。这些，是精神谱系在任何一个时期的延展中都拥有的主脉，属于精神谱系的共性。同时，不同精神坐标也有自己的个性，呈现出独有的特质。

一是立足时代背景和历史任务的变化，中国共产党人的精神谱系表现出鲜明的时代特征。在革命年代，为了谋求民族独立和人民解放，中国共产党人的精神气象主要表现为不畏艰险、坚守信念、敢于牺牲、勇往直前等。在社会主义革命和建设年代，为了摆脱贫穷和落后、建设社会主义新中国,中国共产党人的精神气象主要表现为自力更生、奋发图强、艰苦奋斗、无私奉献等。改革开放后,为了实现国家富强和人民幸福,中国共产党人的精神气象主要表现为万众一心、敢想敢干、锐意进取、求真务实等。新时代以来,为了实现中华民族复兴伟业,中国共产党人的精神气象主要表现为自信自强、守正创新,不忘初心、牢记使命,踔厉奋发、勇毅前行,敢于斗争、善于斗争等。这几个关键词,都写进了党的二十大报告的开头部分。

二是在同一个历史时期,因为处于不同的奋斗阶段,面临不同的现实要求,需要克服不同的实际困难和完成不同的奋斗任务,位于中国共产党人精神谱系中相同层级的精神坐标也各有侧重、各具特色。比如,同样是在新民主主义革命时期,建党精神主要是确立信仰、树立远大理想,井冈山精神主要是开创革命道路,延安精神主要反映的是革命事业从低潮走向高潮、实现历史性转折的过程,西柏坡精神主要着眼于革命胜利后党的建设。又如,同样在社会主义革命和建设时期,雷锋精神主要是树立起共产主义理想人格典范,焦裕禄精神主要是塑造"人民的好公仆、干部的好榜样"的光辉形象,大庆精神、铁人精神主要是凸显艰苦创业。

三是相同或不同历史时期的精神坐标,因为面临着大致相同的自然或社会困境,或者承担着有历史关联的相似任务,有的也表现出在内涵方面很强的继承性和高度的相似性。比如,在抗击自然灾害方面,抗洪精神表现为"万众一心、众志成城,不怕困难、顽强拼搏，坚韧不拔、敢于胜利"，抗震救灾精神表现为"万众一心、众志成城，不畏艰险、百折不挠，以人为本、尊重科学"；在抗击重大传染性疾病方面，抗击非典精神表现为"万众一心、众志成城，团结互助、和衷共济，迎难而上、敢于胜利"，抗疫精神表现为"生命至上、举国同心、舍生忘死、尊重科学、命运与共"。不难发现，无论是抗击自然灾害，还是抗击重大传染性疾病，上述几种精神的内涵之间均具有一些共性。

由此可知，不同的精神坐标，相互之间既有共性连接，也有个性区别。比如，几代科研工作者在永攀科学高峰的过程中相继形成"两弹一星"精神、载人航天精神、探月精神、新时代北斗精神。其中，热爱祖国、勇于登攀、协同协作、无私奉献等就是它们互通互融的基本内涵元素。此外，"两弹一星"精神还强调"自力更生"，载人航天精神还强调"科学求实"，探月精神还强调"追逐梦想"，新时代北斗精神还强调"接续奋斗"。

又如，自20世纪50年代在建设和养护川藏、青藏公路的过程中，形成的"一不怕苦、二不怕死，顽强拼搏、甘当路石，军民一家、民族团结"的"两路"精神，与21世纪初建设青藏铁路过程中形成的"挑战极限、勇创一流"的青藏铁路精神，既体现出精神的发展创新，也体现出二者在内涵上的相似性和继承性。

中国共产党能够团结带领人民一道共同奋斗，靠的就是这个精神谱系，靠的就是这个精神谱系的感染力，靠的就是这个精神谱系的影响力。因此，在党的奋斗实践中，在改造世界的伟大社会革命中，精神谱系就会转化成为强大的政治优势。

毛泽东同志在党的七大闭幕会上专门提到愚公移山精神。共产党人好比永远奋斗的愚公，而帮助愚公把山背走的上帝，就是人民大众，正是因为愚公的壮举和精神感动了人民，使他们心甘情愿和中国共产党人一起奋斗，去挖各种各样的"山"。这就是中国共产党精神谱系转化出来的道德魅力、人格力量和政治优势。

精神谱系就是红色基因，它的背后是细节

从思想形态上讲，中国共产党人的精神谱系就是红色文化；从气质影响上讲，中国共产党人的精神谱系就是红色基因。伟大的精神必将成为永远的"红色基因"。因此，我们研究红色文化和红色基因，重点就是研究党的精神谱系；我们弘扬红色文化和传承红色基因，重点也是弘扬和传承党的精神谱系。

弘扬和传承的方式，除了理论研究，还要有立体的研究，细节的研究。因为，党的精神谱系中的每一个精神坐标，都不是扁平抽象的存在，而是具有生动鲜活的实践属性。它们通过大量看得见、摸得着、感受得到的具体人物和事件，全方位立体呈现出来，多角度集中展现出来。

比如，说到井冈山精神，我们就会想到以毛泽东同志为主要代表的中国共产党人开辟的农村包围城市、武装夺取政权的革命道路，想到用脚蘸着自己鲜血写下"革命成功万岁"的刘仁堪烈士，想到朱德同志的扁担和"不拿老百姓一个红薯"。说到长征精神，呈现在我们眼前的就是荡气回肠的血战湘江、四渡赤水、

爬雪山、过草地，还有那些温暖感人的"半截皮带""半条棉被""金色鱼钩""军需处长"的故事。说到抗美援朝精神，肯定忘不了杨根思、黄继光、邱少云、罗盛教、毛岸英等英雄。说到脱贫攻坚精神，那就不得不提到贫困村担任第一书记的黄文秀、在精准扶贫中具有地标性意义的十八洞村、为贫困女孩点亮心灯的张桂梅、太行山上新愚公李保国，等等。

如果只有理念口号，而不能落到实处见人见事，那样的精神是感动不了人、影响不了人的。中国共产党人的精神谱系，正是因为这一个又一个落小落细落实的地点、人物、事件而跨越时空、历久弥新。由此，伟大的精神，注定会永远传承下去。

让伟大的精神，伟大起来，成为永远，这正是新时代弘扬中国共产党人精神谱系、传承红色基因的根本目的所在。

毛泽东诗词与新时代的精神气象

习近平总书记在庆祝中国共产党成立 100 周年大会上的重要讲话，内容和结构大气磅礴，揭示了我们党百年奋斗的历史逻辑，彰显了以史为鉴、开创未来的理论逻辑，体现了我们党对历史和未来的自信精神，是激励全党和全国人民意气风发向第二个百年奋斗目标进军的政治宣言和行动纲领。本文围绕习近平总书记引用和发挥毛泽东诗词的情况，谈几点学习体会。

习近平总书记对毛泽东诗词的引用和新的阐释，给毛泽东诗词研究宣传带来深刻启示

习近平总书记在庆祝中国共产党成立 100 周年大会上的重要讲话中，用 32 字概括了伟大建党精神的内涵："坚持真理、坚守理想、践行初心、担当使命，不怕牺牲、英勇斗争，对党忠诚、不负人民"；并指出，伟大建党精神"是中国共产党的精神

之源","一百年来,中国共产党弘扬伟大建党精神,在长期奋斗中构建起中国共产党人的精神谱系,锤炼出鲜明的政治品格"。习近平总书记要求今天的中国共产党人"赓续红色血脉",让"精神代代相传"。

毛泽东诗词,作为中国革命和建设实践的史诗,是党的精神谱系的艺术化呈现。伟大建党精神、井冈山精神、长征精神、延安精神、西柏坡精神,以及党在社会主义革命和建设时期创造的诸多精神的核心内容,在毛泽东诗词中,都有鲜明生动的表达。可以说,毛泽东诗词比较集中地反映了党在长期奋斗中积累形成的精神谱系的一些基本理念和重要特点。

在庆祝中国共产党成立100周年大会上,习近平总书记用毛泽东诗句来彰显党百年奋斗的精神气象:"一百年来,中国共产党团结带领中国人民,以'为有牺牲多壮志,敢教日月换新天'的大无畏气概,书写了中华民族几千年历史上最恢宏的史诗。"

毛泽东诗词是艺术史诗,党的奋斗成就是实践史诗,从一定意义上说,把两种史诗贯穿起来的,就是我们党的精神谱系。习近平总书记对毛泽东诗词的引用和新的阐释,是传承和弘扬党的伟大精神的典范。据不完全统计,党的十八大以来,习近平总书记曾先后在不同场合,将近90次引用毛泽东的诗句,涉及20多首诗词作品。习近平总书记的引用和发挥,是在新时代历史条件下,对毛泽东诗词的内涵作出的新的理解和新的表达,有助于我们在新时代中国的文化语境中,深化对毛泽东诗词的研究。

通过学习和研究习近平总书记对毛泽东诗词的引用、化用和发挥，可以帮助我们从一个侧面，体会习近平总书记对坚持和发展中国道路，即中国特色社会主义道路，在精神面貌上提出的希望和期待，进而深入学习领会习近平新时代中国特色社会主义思想。

习近平总书记引用和发挥毛泽东诗词，一以贯之的主题，是彰显新时代坚持和发展中国道路应有的精神气象

党的十八大后，习近平总书记第一次引用和发挥毛泽东诗词，就是用它来比喻中国道路。2012年11月29日，习近平总书记在参观《复兴之路》展览时提出，"道路决定命运"，并指出：中华民族的昨天，可以说是"雄关漫道真如铁"；中华民族的今天，正可谓"人间正道是沧桑"；中华民族的明天，可以说是"长风破浪会有时"。其中前两句诗均出自毛泽东诗词，表达出三层含义：中国道路来之不易；道路凝聚真理；要坚定道路自信。

在党史学习教育动员大会上，习近平总书记指出，我们要清醒看到，我们党长期执政，党员干部中容易出现承平日久、精神懈怠的心态，紧接着引用毛泽东诗词说："我反复强调要发扬将革命进行到底的精神，强调要发扬老一辈革命家'宜将剩勇追穷寇，不可沽名学霸王'的革命精神，发扬共产党人'为有牺牲多壮志，敢教日月换新天'的奋斗精神，这是有很深考虑的。"这次引用，则着眼于新时代中国道路上，中国共产党人应有的精神气象。

可以说，道路和精神，是习近平总书记引用和发挥毛泽东诗词时两个不能分割的重点。

毛泽东诗词，之所以被称为中国革命和建设实践的史诗，归根结底，是彰显了中国共产党带领中国人民在中国革命和建设道路上体现出来的精神气象。也正是中国革命和建设道路的千辛万苦、艰难曲折，培育出了毛泽东诗词特有的精神气象。习近平总书记的引用和发挥，揭示了毛泽东诗词这一特质。

那么，习近平总书记在引用和发挥毛泽东诗词时，具体涉及新时代坚持和发展中国道路的哪些问题呢？用"万花纷谢一时稀"，形容20世纪80年代末90年代初，世界社会主义运动遭受严重挫折的局面和氛围。用"风物长宜放眼量"，倡导领导干部要有战略眼光，看中国的经济形势，要看全局、看走势、把握主流和方向，同样，看中国道路的未来，要有信心。用"不到长城非好汉"，比喻下定决心，排除万难，实现目标，要有坚定的勇气和坚忍的意志。用"唤起工农千百万，同心干"，"军民团结如一人，试看天下谁能敌"，指出人民是在中国道路上奋斗的主体力量，要紧紧依靠人民沿着中国道路前进。用"宜将剩勇追穷寇，不可沽名学霸王"，"拒腐蚀，永不沾"，提倡不忘初心使命，牢记"两个务必"，并昭示把反腐败斗争进行到底的决心。用"一唱雄鸡天下白"，"换了人间"，形容新中国的沧桑巨变和伟大成就。用"装点此关山，今朝更好看"，"风景这边独好"，说明中国人民历经坎坷，找到光明道路，迎来大好局面，对这样的大好局面，要格外珍惜和维护，要有自信，并且要继续前行。用"层林尽染""百舸争流""鹰击长空""鱼翔浅底"，提倡生态文明，绿色美景，人与自然和谐相处。用"洞庭波涌连天雪，长岛人歌动地诗。我欲因之梦寥廓，芙蓉国里尽朝晖"，形容新农村建设，提醒人们要保持乡情美景。用"百舸争流"，"万类霜天竞自由"，"到中流击水"，"自信人生二百年，会当水击三千里"这样一些诗句，或表达新时代中国道路在发展过程中要有进取创新的态势和局面；或讲青年人要对人生有规划，开拓创新，创造奇迹；或说明要以改革创新精神开拓国防和军队建设新局面。总之，中国道路要呈现出生动活泼的声色和风景。用"一万年太久，只争朝夕"，形容在时代大潮面前，不能观望徘徊；在战略目标已经确定的情况下，要有紧迫感。

从以上列举不难看出，习近平总书记对毛泽东诗词的引用和发挥，大多着眼于现实国情，围绕新时代坚持和发展什么样的中国特色社会主义、怎样坚持和发展中国特色社会主义的重大时代课题展开。从中我们可以直观感受到，坚持好、发展好中国道路，应该拥有毛泽东诗词所展示的精神气象。

习近平总书记引用和发挥毛泽东诗词，彰显新时代坚持和发展中国道路的精神气象，有三个重点

一是"敢教日月换新天"的英雄气概。从公开的资料看，习近平总书记共五次引用"为有牺牲多壮志，敢教日月换新天"，

其中，一次单独引用"为有牺牲多壮志"，两次单独引用"敢教日月换新天"，两次把这两句诗合起来引用。毛泽东诗词体现了中国人民为改变自身命运和国家面貌、为实现中华民族伟大复兴不屈不挠努力奋斗的英雄气概。2018年2月14日，在春节团拜会上，习近平总书记引用"为有牺牲多壮志"这句诗时讲道，幸福都是奋斗出来的。奋斗是艰辛的，艰难困苦、玉汝于成，没有艰辛就不是真正的奋斗。奋斗是曲折的，"要奋斗就会有牺牲，我们要始终发扬大无畏精神和无私奉献精神"。

二是"乱云飞渡仍从容"的政治定力。"乱云飞渡仍从容"，是习近平总书记引用较多的诗句，目的是强调坚定"四个自信"，无论遇到什么样的挑战，对未来都要有信心。习近平总书记指出，实现我们确立的奋斗目标，不仅要有"不到长城非好汉"的进取精神，更要有"乱云飞渡仍从容"的战略定力、政治定力。这种战略定力、政治定力，就是在面临困难时冷静处理、正确应对各种压力和困难，排除各种干扰、消除各种困惑，坚定立场和信仰。在2019年秋季学期中央党校（国家行政学院）中青年干部培训班开班式上，习近平总书记指出：我们的头脑要特别清醒、立场要特别坚定，牢牢把握正确斗争方向，做到在各种重大斗争考验面前"不畏浮云遮望眼"，"乱云飞渡仍从容"。在2020年秋季学期中央党校（国家行政学院）中青年干部培训班开班式上，习近平总书记再次谈到，有了过硬的政治能力，才能做到在任何时候任何情况下都能"不畏浮云遮望眼"，"乱云飞渡仍从容"。

三是"风景这边独好"的道路自信。"风景这边独好",是习近平总书记在谈到我国现状时经常引用的诗词。2013年1月1日,在全国政协新年茶话会上,习近平总书记在讲话的最后说:"这里,我想起毛泽东同志当年写下的词句:'东方欲晓,莫道君行早。踏遍青山人未老,风景这边独好。'辉煌成就已载入民族史册,美好未来正召唤着我们去开拓创造。"四天后,在新进中央委员会的委员、候补委员学习贯彻党的十八大精神研讨班上,习近平总书记又讲道:"唱衰中国的舆论在国际上不绝于耳,各式各样的'中国崩溃论'从来没有中断过。但是,中国非但没有崩溃,反而综合国力与日俱增,人民生活水平不断提高,'风景这边独好'。"①

习近平总书记对毛泽东诗词的引用和发挥非常有感染力。在新时代长征路上,在实现党的第二个百年奋斗目标新的赶考之路上,前行的中国共产党人,依然会面临许多方面的重大困难、重大挑战、重大风险、重大考验。要经得起风浪,保持永不懈怠的精神状态,百折不挠地前进,就要始终怀抱"敢教日月换新天"的英雄气概,"乱云飞渡仍从容"的政治定力和"风景这边独好"的道路自信。

---

① 《习近平著作选集》第一卷,人民出版社2023年版,第76页。

坚定历史自信走好中国道路

编纂《复兴文库》，是党中央批准实施的重大文化工程。《复兴文库》在党的二十大召开前夕出版，是出版界的一大盛事。习近平总书记在为这部典籍作的序言《在复兴之路上坚定前行》中指出，这部典籍的出版，对于我们坚定历史自信、把握时代大势、走好中国道路，以中国式现代化推进中华民族伟大复兴具有十分重要的意义。对此，笔者结合《复兴文库》的内容，围绕坚定历史自信，谈三点学习序言的体会。

走好中国道路，要坚定道路自信

《复兴文库》围绕实现中华民族伟大复兴这条主线，分五编收入和归纳了中国近代以来各个历史时期的重要文献，展现出一代代中华民族的先进分子和优秀儿女，为实现中华民族伟大复兴，探索、奋斗、牺牲、创造的历史过程，特别是反映了中国共产党成立后团结带领人民找到实现中华民族伟大复兴的正确道路的历史过程。这条道路，就是中国特色社会主义道路。

习近平总书记指出，中国特色社会主义不是从天上掉下来的。它是在近代以来中华民族由衰到盛的历史进程中得来的，是在我们党领导人民进行伟大社会革命的实践中得来的，是在中华人民共和国成立以来的持续探索中得来的，是在改革开放的伟大实践中得来的，中国特色社会主义新时代续写出这条道路的新辉煌。《复兴文库》收入的文献，把这几个"得来的"过程和续写新篇章的理论与实践，比较全面地反映出来了，由此揭示出我们从哪里来、要到哪里去，中国共产党人是干什么的、已经干了什么、还要干什么，过去我们为什么能够成功、未来怎样才能继续成功，这样一些重大课题。

党的二十大报告提出，"坚持党的全面领导是坚持和发展中国特色社会主义的必由之路，中国特色社会主义是实现中华民族伟大复兴的必由之路"，"这是我们在长期实践中得出的至关紧要的规律性认识"。习近平总书记指出，编纂出版《复兴文库》大型历史文献丛书，就是要通过对近代以来重要思想文献的选编，述录先人的开拓，启迪来者的奋斗。几百册《复兴文库》，既是呈现我们党在道路探索和理论创新上规律性认识的文献库，也是反映这些规律性认识的经验库、智慧库、思想库。这些，就是我们的历史自信所在。拥有这样的历史自信，就能更加坚定地认识到，中国特色社会主义道路是符合中国实际、反映中国人民意愿、适应时代发展要求的，不仅走得对、走得通，而且走得稳、走得好。这些，是我们最深刻、最有标志性的历史自信。

走好中国道路，要把握时代大势

中国近代以来对道路的探索、开拓、丰富和发展，经历了五个时期。在中国共产党成立以前是一个时期，中国共产党成立后，又先后经历了新民主主义革命、社会主义革命和建设、改革开放和社会主义现代化建设、中国特色社会主义新时代四个时期。《复兴文库》的五编文献，分别对应这五个时期。从文献中，我们能够清晰地看到，各个时期的探索创造，一以贯之的主题是实现中华民族伟大复兴。但怎样实现，通过什么样的途径去实现，怎样干才能推进这项伟大事业，各个时期的做法又不可能完全一样。为了实现中华民族伟大复兴，中国共产党团结带领人民，总是从不同的社会主要矛盾入手，总是立足于不同的国际国内的战略环境，总是根据不同的时代条件和要求，总是把握时代大势、顺应时代潮流，来确立不同时期、不同阶段的历史任务和奋斗目标，来推进伟大的社会革命。每个时期环环相扣、接续发展，一步步走到今天，我们党确立了团结带领全国各族人民全面建成社会主义现代化强国、实现第二个百年奋斗目标，以中国式现代化全面推进中华民族伟大复兴的中心任务。我们说的历史自信，正是通过确立历史方位、在不断推进实践创新的过程中体现出来的。

《复兴文库》的文献还告诉我们，把握时代大势的过程，也是在实践中不断推进马克思主义中国化时代化的过程。党的二十大报告提出,"实践告诉我们,中国共产党为什么能,中国特色社会主义为什么好,归根到底是马克思主义行,是中国化时代化的马克思主义行。"学史要明理。从《复兴文库》的文献中,我们可以清晰地体会到这个深刻道理。特别是第五编的文献,就真实反映出,习近平新时代中国特色社会主义思想,是如何在把握时代大势,不断提出和实践一系列治国理政新理念、新思想、新战略的过程中,创立和发展起来的,是如何实现马克思主义中国化时代化新的飞跃的。我们说的历史自信,正是通过理论创新,在不断推进马克思主义中国化时代化的过程中体现出来的。

走好中国道路,要彰显文化力量

文化是民族的精神命脉,文化自信是勇毅前行更基本、更深沉、更持久的力量。一个国家、一个民族,只有充满文化自信,彰显文化力量,才能在通往未来的发展道路上行稳致远。习近平总书记指出,要坚定文化自信、增强文化自觉,传承革命文化、发展社会主义先进文化,推动中华优秀传统文化创造性转化、创新性发展,构筑中华民族共有精神家园。要萃取历史精华,推动理论创新,更好繁荣中国学术、发展中国理论、传播中国思想,不断推进马克思主义中国化时代化。《复兴文库》的出版,正是落实这些指示要求的一项重大文化工程。

文化自信和历史自信是互相联系,不能分割开来的。历史是最好的教科书，一切向前走，都不能忘记走过的路、不能忘记走过的过去。在过去的路上，积累的是优秀传统，构筑的是精神家园，形成的是先进文化，体现的是人类文明新形态。党的二十大报告提出："坚守中华文化立场，提炼展示中华文明的精神标识和文化精髓，加快构建中国话语和中国叙事体系"。《复兴文库》就是体现这一要求的重大举措，在中国学术和理论表达上，梳理出中华民族伟大复兴历史进程的"中国话语和中国叙事体系"，由此彰显出新时代的历史自信和文化自信。

萃取历史精华，是为了坚定历史自信和文化自信；历史自信和文化自信，能够激发出我们走好中国道路的历史主动和精神力量，从而像习近平总书记在序言中指出的那样："把中国发展进步的命运牢牢掌握在自己手中！"因此，走好中国道路，必须自信自强、守正创新。这是最突出的历史主动精神和文化自信力量。

从一个根据地看党的四种精神

20世纪30年代前期,以刘志丹、谢子长、习仲勋等为代表的西北共产党人,成功创建了以南梁为中心的陕甘边革命根据地,进而与陕北红军配合,形成了陕甘革命根据地。在西北创建根据地,看起来是共产党人在局部区域的奋斗,但历史很快证明,西北共产党人当时创造的辉煌,对于党的事业全局起到了至关重要的战略作用。这就是党史学界说的,陕甘根据地是土地革命后期"硕果仅存"的根据地,由此为长征中的党中央和各路红军提供了"落脚点",成为八路军三大主力奔赴抗日前线的"出发点"。

"一存两点"的说法,是由毛泽东同志率先提出来的。1945年2月15日,他在中央党校作报告时说,"只有陕北根据地保留下来了,其他的根据地都丢了",陕甘宁边区"这个地方是落脚点,同时又是出发点",从总体上讲是"中国革命的起承转合点"。这就把陕甘革命根据地在党的历史发展中的特殊地位和意义,讲得很明确和具体了。

接下来要思考的问题是，西北共产党人为什么能够做出这样的贡献？他们在创建根据地的过程中彰显出什么样的精神？怎样理解这些精神的历史和现实意义？

坚定不移、坚忍不拔的理想信念

陕甘边革命根据地的创建过程，有一个重要特点，就是愈挫愈奋，屡失屡建，几伏几起，异常艰难曲折。在创建根据地之前，西北共产党人先后领导了几十次起义和兵变，失败后他们毫不气馁，又相继点燃渭北、寺村塬苏区烽火。渭北、寺村塬苏区斗争失败后，又转战照金，第一次在西北山区建立革命根据地。照金失守后，他们又开辟了以南梁为中心的更大范围的根据地，成立了陕甘边区苏维埃政府。1935年，又同陕北根据地组成陕甘革命根据地，在23个县建立起工农民主政权，游击区所及达30多个县。这时候，从全国来看，正是中国共产党领导的土地革命陷入低潮时期。不难想见，没有坚定的理想信念，没有坚韧的革命意志，没有在困难和危机面前百折不挠的勇气和信心，是很难在中国革命逆境和低潮时期创造如此辉煌的。

一个人，一个群体，一个地区的革命精神和理想信念坚定与否，常常是在困难的时候，特别是在整个革命形势走向低潮的时候，才能真正检验出来、体现出来。革命理想对革命实践的激发作用，也常常是在最困难的时候爆发出罕见的能量。革命理想高于天，理想信念是精神之钙，道理就在这里。

团结奋斗、顾全大局的党性原则

陕甘边区革命根据地的创建过程和陕甘革命根据地的形成发展过程，事实上是西北共产党人、党的组织和党领导的武装力量不断会聚的过程。每一次会聚，都是西北共产党人领导群体的一次新的整合，进而促进了革命形势的发展。特别是陕甘边根据地创建后的几次联合，甚为关键。

例如，1934年7月，刘志丹、张秀山、习仲勋等领导的陕甘边区和谢子长等人率领的陕北游击队会合后，自觉联合，统一决策，并派红26军主力北上，支援陕北革命斗争。1935年1月，陕北省苏维埃政府和红27军成立后，两块根据地的军民实行统一指挥领导，互相配合，互相支援，接连取得两次反"围剿"斗争的胜利，使两块根据地连成一片，形成统一而强大的陕甘革命根据地。1935年9月，徐海东率红25军到达陕北后，红25、红26、红27军又统一整编，组建了红15军团，并成立了中共陕甘晋省委和西北军事委员会。特别是刘志丹、习仲勋等陕甘边根据地的领导人和红26军不少骨干在受到"左"倾教条主义错误打击、身陷囹圄的情况下，始终保持顾全大局、忍辱负重的责任感和大局意识，一如既往为党的事业奋斗。

西北共产党人的领导群体，以高度的主动性和责任心不断进行的配合、联合和整合，是陕甘革命形势能够在困境中崛起发展的关键因素。在他们身上体现出来的，为了党的事业，顾全大局、自觉整合、团结奋斗的精神，彰显了坚强的党性原则。毛泽东同志为习仲勋题词,"党的利益在第一位",就是对这种精神的肯定。

实事求是、勇于担当的创造精神

陕甘革命根据地之所以能够创建和"硕果仅存",最根本的原因在于西北共产党人不断总结经验,坚定走毛泽东开创的中国革命道路,在实践中坚持实事求是,一切从实际出发进行探索。习仲勋曾回忆,1932年秋他初见刘志丹时,刘志丹便对他讲:"几年来,陕甘地区先后举行过大大小小70多次兵变,都失败了。最根本的原因就是军事运动没有同农民运动结合起来,没有建立起革命根据地。如果我们像毛泽东同志那样,以井冈山为依托,搞武装斗争,建立根据地,逐步发展扩大游击区,即使严重局面到来,我们也有站脚的地方和回旋的余地。"在此后创建根据地的艰难过程中,西北共产党人始终把工作重点放在农村,坚持具有陕甘特色的"梢林主义",即在国民党统治力量较为薄弱和环境艰苦的陕甘两省交界山区创建根据地。

在开辟根据地的过程中,以主力红军为骨干,建立多处游击区,并且把武装斗争和"三分"(分地、分禄、分财物)"五抗"(抗税、抗租、抗债、抗粮、抗款)这样的农民运动结合起来。在巩固和建设根据地的过程中,实行灵活多样的政策,诸如只没收地主、富农出租的土地,地主参加劳动可以分地,成立集市,便利交易,保护小商人,等等。在统一战线方面,对同国民党有矛盾的地方势力、哥老会头目、民团团总以及某些土匪,都尽力团结和争取。这些从实际出发制定的正确方针政策，为中国革命积累了重要经验，说明西北共产党人在与党中央失去联系的情况下，善于把党的路线同陕甘地区的实际情况相结合，独立自主地解决和处理重大问题，根本上体现了实事求是的创造精神。进一步讲，没有实事求是就不可能有科学的担当和创造，不敢实事求是也很难在关键时刻有担当和创造。只有实事求是并且敢于担当和创造，才能独立自主地解决现实面临的迫切问题，才能进行开拓性和创造性的工作。

为了群众、依靠群众的优良作风

在创建陕甘革命根据地的过程中，刘志丹、谢子长、习仲勋等领导人坚信，只要共产党、红军、老百姓不可分割地结成一体，就能打出新的天下，使劳动群众彻底获得解放。他们把维护群众利益作为创建根据地的目的，始终相信群众、为了群众、发动群众、依靠群众，和群众同甘共苦，保持和人民群众的血肉联系。习仲勋便经常和同志们一起，一个村子一个村子地调查研究，开展群众工作，相继组织起农会、贫农团、赤卫队和游击队，在此基础上建立起各级民主政权。他还强调，土地改革时分配要做到公平合理，对红军家属开展工作时，要鼓励他们坚定信心，要了解他们的困难，及时解决，生活困难的要适当接济。这样的工作路线和作风，赢得了人民群众的真心拥护和坚决支持，为陕甘边和陕甘革命根据地的创建、巩固和发展奠定了广泛和坚实的群众基础。

　　长征中的党中央和各路红军把陕甘根据地当作落脚点，一个重要因素就是这里的群众基础好。人民群众像对待亲人一样对待外来的红军，腾房间、筹军粮、当向导、探敌情、积极参加红军。东征战役时，刘志丹率部路过清涧，群众成群结队地去看望他，两个盲人看不见，就用手去摸摸刘志丹，这给周恩来留下了终生难忘的印象。毛泽东称赞刘志丹是"真正的群众领袖"，说习仲勋是"从群众中走出来的群众领袖"，高度评价了陕甘根据地领导人模范执行党的群众路线的优良作风。

　　总的来说，缺少上述四个方面的精神，就很难使陕甘边和陕甘革命根据地得以创建、巩固和发展，也谈不上做出"一存两点"的历史贡献。西北共产党人在艰苦环境中彰显的革命精神，事实上成为中国共产党在革命时期创造和发扬的一系列伟大精神的精彩华章，并同中国革命道路的探索和实践紧密地联系在一起。当时，党中央和各路红军的长征，有出发点、转折点和落脚点。如果说，遵义会议是转折点，那么，陕甘革命根据地则最终让中国革命的历史转折落下了地。一般说来，落脚点在哪里，再前进的出发点和大本营也在哪里。出发—转折—落脚—大本营—再出发，就是毛泽东说的"起承转合"，连在一起，就是中国革命道路波澜壮阔的征程。而支撑这条道路的，就是革命先辈们在奋斗中创造的伟大精神。

　　过去如此，今天我们坚持和发展中国特色社会主义道路，何尝不是如此呢？我们目前的主要任务，是坚持和发展中国特色社会主义，这是一个长期而艰巨的历史过程，随时面临各种风险和挑战，必须随时准备进行具有许多新的历史特点的伟大斗争。研究和宣传革命先辈在创建陕甘边和陕甘革命根据地的过程中，体现出来的坚定不移、坚忍不拔的理想信念，顾全大局、团结奋斗的党性原则，实事求是、勇于担当的创造精神，为了群众、依靠群众的优良作风，是为了继承和发扬我们党的精神传统，进而在新的历史条件下，以更大的政治优势迎接和经受各种困难局面和风险的挑战，把我们的路走得更好。

红色文化是中国共产党人的鲜明政治标识

红色文化,总体上讲,是中国共产党领导中国人民在革命、建设和改革的伟大实践中创造、积累的,是彰显党的性质和宗旨,体现人民和时代要求,凝聚各方力量的先进文化。它体现在理想信仰、价值追求、精神风貌等层面,融注于物质遗存、机制行为和文化艺术形态当中。红色文化像血液一样流淌在中国共产党人身上,成为具有中国共产党人鲜明政治标识的红色基因。

红色文化承载中国共产党人的初心使命

红色文化内容丰富多彩,表现方式多种多样,但其倡导者、创造者和实践者,都是走在时代前列的人。红色文化的前进方向和根本主题,是实现民族独立和人民解放、实现国家富强和人民幸福,即为中国人民谋幸福、为中华民族谋复兴。这正是中国共产党作为中国工人阶级先锋队、作为中国人民和中华民族先锋队的初心和使命所在，也是中国共产党的宗旨和性质所在。红色文化是承载中国共产党人的初心和使命，延续和发展到今天的。

红色文化体现中国共产党人的思想品格

中国共产党是用马克思主义及其中国化的科学理论武装起来的政党。在历史活动中，中国共产党从来都注重理论的指导作用，同时强调把先进的理论与中国实际结合起来。这是中国共产党人最重要的思想品格。红色文化是在理论与实际的互动中被创造出来的，因而体现了中国共产党人鲜明的思想品格。诸如对马克思主义、社会主义、共产主义的坚定信仰；实事求是，独立自主，自力更生；理论联系实际，密切联系群众，批评和自我批评；为人民服务，一切为了群众，一切依靠群众，等等。这既是中国共产党人鲜明的政治标识和党性要求，也使反映这些内容的红色文化拥有思想和真理的影响力量。

红色文化彰显中国共产党人的精神气质

毛泽东同志说过一句名言，"人是要有一点精神的"，但人们往往忽略这句话的下半句，"无产阶级的革命精神就是由这里头出来的"。中国共产党甫一出世，便自觉把党的精神和党员个体精神联系起来铸造建设，并贴近实践和时代需要来培育和塑造，从而形成中国共产党人特殊的精神气质和优良传统。红色文化是中国共产党人精神气质的外延成果和彰显载体。诸如不畏艰险、永远奋斗、追求真理、勇于牺牲、艰苦创业、奋发图强、无私奉献、开拓创新、锐意进取、勇于担当、求真务实、革命的乐观主义和英雄主义、爱国主义和集体主义等精神气质,以及《为人民服务》《纪念白求恩》《愚公移山》《论共产党员的修养》这样一些直接阐述中国共产党人思想道德建设的经典文献,既表现了中国共产党人的政治理想和价值追求,也使反映这些内容的红色文化拥有人格和道德的感染力量。

红色文化反映中国共产党人的实践本色

中国共产党人的初心使命、思想品格、精神气质,从来不是抽象的存在,也从来不只是在理论口号上彰显它的光彩;总是从实践中来,到实践中去,始终在实践中凸显它的价值。文化作为一种意识形态,是特定的经济基础和政治实践的反映,并随实践的变化而发展。中国共产党从弱小到强大的历史发展过程中,拥有凝聚力和感召力的一个重要因素,是一直像那位挖山不止的"愚公",自己带头干,用行动而不是口号去"感动上帝",从而使人民大众"甘心情愿"和中国共产党人一起来挖掉各种各样的"大山"。中国共产党人这种代表时代前进方向的社会实践,孕育和发展了红色文化,从而使红色文化每到重大历史关头,都能感国运之变化、立时代之潮头、发时代之先声,不仅成为中国共产党人鲜明政治标识和文化旨趣所在,也融合了时代精神和民族精神,成为具有实践引导力和精神感召力的先进文化。

总之,中国共产党历来高度重视运用红色文化引领前进方向、凝聚奋斗力量,不断以思想文化新觉醒、理论创造新成就、文化建设新成果推动党和人民事业向前发展。

谋战略·讲规矩·敢担当

坚持和发展中国特色社会主义，是一项长期而艰巨的历史任务，必须准备进行具有许多新的历史特点的伟大斗争。新的历史条件和新的形势，对领导干部的素质，提出了许多新的要求。谋战略、讲规矩、敢担当，就是三个很重要的方面。

谋战略

强化战略思维，善做战略谋划，是当前领导干部很需要的重要素质。习近平总书记很重视这个问题，要求领导干部的战略谋划力和战术执行力都要强，想的事要去做，做的事要围绕战略谋划来进行。习近平总书记还打过一个比方，说就像穿衣服扣扣子，第一粒扣子扣对了就都扣对了，第一粒扣子就是战略扣子，战略扣子扣错了后面就都跟着错。

对各级领导干部来说，谋战略，首先是谋划本地区本部门具有顶层设计性质的大局。党的十八大以来,以习近平同志为核心的党中央有关改革发展稳定各方面的系列论述和实践决策,为领导干部提升战略思维和战略谋划能力,提供了重要启示。比如,我们现在比较熟悉的"四个全面",即全面建成小康社会、全面深化改革、全面推进依法治国、全面从严治党,这"四个全面",就是相互联系的一个战略目标和三大战略举措。又如,统筹国内国际两个大局,统筹伟大事业与伟大工程,统筹当前和长远,统筹经济、政治、文化、社会、生态文明等方面的建设,突出体现了治国理政重战略谋划和战略统筹的特色,进而启发领导干部着眼大局,谋划大事,按规律办事。

说到战略谋划,人们常常有一个误区,不自觉地把它等同于工作计划。一般性的工作计划与战略谋划是有区别的。前者偏于打算干什么,但在为什么要做这些事,怎样才能做成这些事上,未必下功夫作了深入思考。真正的战略谋划,首先要弄清楚面临和需要解决哪些现实矛盾和问题。战略思维要能够立足于全局和长远,就必须抓住当前经济社会运行中的主要矛盾,以问题为导向,来谋划战略方向和任务。

习近平总书记曾先后谈到我们目前要防止落入的四个"陷阱",并提出了避免落入这些陷阱的重大举措和重要战略。略作解读,便可从中看出一些谋战略的门道。

一是在发展上要防止落入"中等收入陷阱"。 这个陷阱,由于拉美不少国家没有跨过去,又称"拉美陷阱",我们当然也不会自然跨过去,必须有符合国情的战略和办法。认识、适应和引领经济发展新常态，就是审时度势后提出的应对这个陷阱的重要战略思想。这个战略思想，彰显了党中央对中国经济发展的阶段性特征及其规律的科学把握，为我们今后的经济决策提供了科学依据，有利于切实有效地实现发展理念、发展方式、发展政绩观、发展调控手段等方面的新变化；有利于谋根本，顾长远，使经济社会发展基础更坚实。同时，进入新常态，仍然是处于战略机遇期，有利于我们促改革，抓重点，如提出"四化"同步推进，优化产业结构，强调创新驱动，实施"一带一路"、京津冀协同发展和长江经济带三大空间格局战略。这些新举措和新要求，是我们跨越"中等收入陷阱"的必要途径。同时，经济发展新常态，也要求领导干部在领导思路上进入新状态。

二是在党群关系上防止落入"塔西陀陷阱"。 这是古罗马历史学家塔西佗提出的一个观点，意思是说当公权力失去公信力时，无论发表什么言论、无论做什么事，社会都会给以负面评价。习近平总书记引用这个比喻，实际上是对"四大危险"和"四大考验"的另一种表述。为此，党的十八大以来，以习近平同志为核心的党中央着力于全面从严治党，提出"打铁还需自身硬"，强调在四个方面硬起来，即针对精神懈怠，要硬在精神；针对能力不足，要硬在能力；针对脱离群众，要硬在作风；针对消极腐败，要硬在纯洁和先进。在实际举措上，一手强力抓反腐，一手强力抓全党群众路线教育实践活动。落实全面从严治党这个战略任务，就是要从宗旨、立场、感情、作风上更好地解决党群关系中存在的问题，避免掉入"塔西陀陷阱"。

三是在政治上防止落入"西化分化陷阱"。必须靠增强中国特色社会主义的道路、理论和制度自信，着力提升我们的文化软实力，逐步改变在文化影响力上西强我弱的现存格局，以化解这个陷阱。同时，在全面深化改革的进程中，始终牢记改革的目标和方向。党的十八届三中全会确立了全面深化改革的总目标，即"完善和发展中国特色社会主义制度、推进国家治理体系和治理能力现代化"。全面深化改革这个总目标，实际上就是改革的总战略。从推进这个总战略的步骤来讲，党中央还提出在2020年前后，形成系统完备、科学规范、运行有效的制度体系，使各方面制度更加成熟更加定型。确立改革的总战略目标，是一个非常了不起的历史贡献。正确理解它，最关键的是要把握好、处理好"完善和发展中国特色社会主义制度"和"推进国家治理体系和治理能力现代化"这两句话的关系。前一句讲改革总目标的根本性质和方向，揭示治理体系和治理能力的现代化，是有原则有前提的。全面深化改革，绝不是推倒重来、另起炉灶；推进国家治理能力现代化，绝不能照搬西方制度模式，不能全盘西化、犯颠覆性错误。后一句讲改革总目标的实现形式和基本途径，说明完善和发展中国特色社会主义制度不是一句空话，而是有具体要求和具体落点的。准确、完整和全面地把握好这个战略总目标，就不会在前进中掉入"西化分化陷阱"。

四是在大国关系上防止落入"修昔底德陷阱"。古希腊历史学家修昔底德，研究公元前5世纪发生的新兴崛起的雅典城邦和守成大国斯巴达之间的战争，提出一个观点：使战争不可避免的真正原因是雅典势力的增长和因而引起的斯巴达的恐惧。美国学者把这个观点称之为"修昔底德陷阱",实际上是"中国威胁论"的翻版。但从历史上看,一个崛起中的大国确实会引起现存大国以及周边国家的担忧,处理不好这种矛盾,往往会爆发战争。因此,要避免战争和冲突,必须寻找一条新的道路。为此,习近平总书记提出走中国特色大国外交之路,倡导建立"新型大国关系",强调中国和世界的"命运共同体"的关系,以及中国梦和世界梦的关系,推出"亲诚惠容"的周边外交理念,等等。此外,围绕这些理念和战略性构想,所采取的政治、经济方面的举措就更多了,充分展示了中国走和平发展、互利共赢道路的决心和信心。以习近平同志为核心的党中央强调,中美双方都应该努力避免陷入"修昔底德陷阱",强国必霸的主张不适用于中国,中国没有实施这种行动的基因。此外,在对外交往上,善于频繁地就一些彼此关切的问题进行沟通。习近平主席 2015 年 9 月 22 日在华盛顿州当地政府和美国友好团体联合欢迎宴会上的演讲中,明确提出中美双方要"正确判断彼此战略意图"的主张;并说:"我们愿同美方加深对彼此战略走向、发展道路的了解,多一些理解、少一些隔阂,多一些信任、少一些猜忌,防止战略误解误判。我们要坚持以事实为依据,防止三人成虎,也不疑邻盗斧,不能戴着有色眼镜观察对方。世界上本无'修昔底德陷阱',但大国之间一再发生战略误判,就可能自己给自己造成'修昔底德陷阱'。"凡此种种,说明党中央应对美国人提出的"修昔底德陷阱"所进行的战略思路,非常清楚和有效。

以习近平同志为核心的党中央围绕这"四大陷阱"所蕴含的矛盾和风险,进行的顶层设计,谋划的战略方向,有对形势的正确判断,有深刻的理念支撑和理论论述,有具体的可操作的重大举措,有很强的现实和未来的针对性,因而是有效管用的。

讲规矩

党的十八大结束不久,习近平总书记就在《人民日报》发表《认真学习党章,严格遵守党章》一文,明确提出了规矩问题。习近平总书记说,没有规矩,不成方圆。党章就是党的根本大法,是全党必须遵循的总规矩。此后,习近平总书记经常谈到定规矩、守规矩、树立规矩意识的问题。比如,习近平总书记讲,新一届中央领导集体要定规矩。定规矩,就要落实一些已经有明确规范的事情,就要约束一些不合规范的事情,就要规范一些没有规范的事情。规矩是起约束作用的,所以要紧一点。讲规矩,就是要严明纪律。从"八项规定"开始,为规范党员干部的言行作风,党中央重申或制定了一系列强化党的纪律的规定,并对遵守纪律的情况严格落实检查措施。

党中央为什么这样强调讲规矩?原因很明显,没有规矩,就不成政党。制定了规矩而不严守,那必定是做不了大事、没有前途的政党。我们党担负着领导人民实现中华民族伟大复兴中国梦的历史重任,如果自身没有规矩或不守规矩,如何肩负这样的历史使命?

我们党作为马克思主义政党，一百多年艰难曲折的奋斗，从来都是严明政治纪律的。党成立伊始便强调规矩问题。1922年在上海召开党的二大的时候，尽管全国只有195名党员，但在大会通过的党章中，便专列"纪律"一章，计九条。其中规定，各地党的组织"不得自定政策"，凡关系全国之重大政治问题，各地党组织不得违背中央立场"单独发表意见"，"言论行动有违背本党宣言章程及大会各执行委员会之议决案"，则必须开除党籍。党的历史上第一部党章，严明政治纪律，立下这些规矩，使党和那些只在口头或书案上讲讲马克思主义的松散学术团体之间划出了一道鸿沟。在当时，确实有些人，包括曾积极宣传马克思主义甚至参加筹备建党的一些社会名人，受不了这些纪律和规矩，先后离开了党，或被开除了党籍，但党的队伍更加生机勃勃。此后大约不到五年时间党员就超过5万人，由此迎来了国共合作的大革命高潮。大革命失败前夕召开的党的五大，面对危急的形势明确提出，"宜重视政治纪律"。

大革命失败后，我们党陷入生死存亡之境，叛变者有之，不听招呼者有之，消极动摇者有之，在党内另立派别者也有之。在这种情况下，如何强化信念和纪律、维护党的团结、提高战斗力，至关重要。1927年10月，毛泽东同志在创建井冈山革命根据地的过程中，亲自主持了一场入党仪式，在他确定的24个字的入党誓词中，便有"服从纪律"这四个字。这份入党誓词后来虽几经调整和修改，但"服从纪律"这条意思仍保留至今，最新的誓词表述是"严守党的纪律"。与此同时，毛泽东同志还创设了人民军队的基本纪律，后来发展为"三大纪律、八项注意"，其中第一条纪律"一切行动听指挥"，讲的就是政治纪律。1929年的《古田会议决议》之所以重要，在于它对党和红军内部存在的不讲政治的单纯军事观点，对削弱党的战斗力的极端民主化倾向，对不执行党的决议、不开展正确的党内批评的非组织化观点，对小团体主义和享乐主义，制定了切实有效的反对措施。正是靠着这样的纪律和规矩，我们党走出绝境，重新形成了红红火火的局面。哪怕是后来由于"左"倾教条主义的错误，我们党再次陷入绝境，也依然靠着这些纪律和规矩所形成的凝聚力和战斗力，走过了千难万险的长征之路。

延安整风初期，为了统一全党的思想，毛泽东同志在1941年9月中央政治局扩大会议上提出一个著名的论断："路线是'王道'，纪律是'霸道'，这两者都不可少"。意思是党的建设，既要靠正确的路线方针来指导，也要靠铁的纪律来约束。为什么讲这个话？毛泽东同志说得很清楚：搞宗派主义，既排外，又排内，"闹独立性、不服从决议、没有纪律的现象，必须整顿"。视纪律为"霸道"，是强调其刚性约束，党员干部必须有敬畏之心，不敬畏，就不会去认真遵守，就会影响党的路线方针政策的贯彻落实。1942年普遍整风开始后，毛泽东同志又讲：身为党员，铁的纪律就非执行不可，孙行者头上套的箍是金的，共产党的纪律是铁的，比孙行者的金箍还厉害，还硬。这就是"认真"，就是"霸道"。对纪律和规矩心存敬畏，才可能形成自觉。延安整风的一个重要成果，就是通过坦诚的批评和自我批评，在党风党纪建设上形成了一种广泛的自觉，克服了多年形成的宗派和山头现象，使全党在新的高度上实现团结和统一。正是在这个意义上，我们说延安整风是提出和推进党的建设这项伟大工程的里程碑。

西柏坡是我们党在农村的最后一个指挥所，同样是严纪律、立规矩的地方。1948年，解放战争开始打得比较顺利时，党内无纪律倾向有所抬头，作决策不请示报告的情况屡有发生。毛泽东同志对此高度警觉，要求全党"懂得必须消灭现在我们工作中的某些严重的无纪律状态或无政府状态"。1948年9月，中央政治局专门召开扩大会议，主要议题就是"军队向前进，生产长一寸，加强纪律性，革命无不胜"。会议强调建立请示报告制度，党的下级的重要决议必须呈报党的上级组织批准以后方准执行；各级党的领导机关，必须将不同意见的争论，及时地、真实地向上级报告，其中重要的争论必须报告中央。随后，即将进入北平时，我们党在西柏坡召开的七届二中全会，又提出了"两个务必"的重要思想，确定了必须遵循的"六条规定"。这些做法，对我们党最终取得新民主主义革命的伟大胜利，进而顺利地转变为执政党，有着重大意义。习近平总书记2013年7月到西柏坡视察时，敏锐地点出了这个意义；并在当年中央政治局开会的屋子里与人们座谈时说："这里是立规矩的地方。党的规矩、制度的建立和执行，有力推动了党的作风和纪律建设。"

历史就这样告诉我们，我们党从小到大、从弱到强，最终成为在今天依然执政并将长期执政的马克思主义政党，就是这样走过来的。上海、井冈山、延安、西柏坡、北京，这些立规矩的地方,都成为醒目的路标,上面都写着"纪律"二字;每一段行程的跨越,靠的是确保全党统一意志、统一行动、步调一致前进。

当然,历史也曾告诉我们一些反面教训。"文化大革命"时期,林彪、江青等人搞团团伙伙,结派营私,不少地方和部门则大闹派性,各行其是,成为党内政治生活的乱源。为此,在改革开放之初,我们党为了让党员干部守纪律讲规矩,做了两件大事。一是重新设立中央纪律检查委员会,二是制定《关于党内政治生活的若干准则》。邓小平同志在开创新道路的过程中更是反复强调,我们党要团结和组织起来,"一靠理想,二靠纪律"。我们党正是靠这样的政治优势,走过了四十多年不平凡的改革开放历程。

回顾历史,是为了今天。我们党今天面临着"四大危险"和"四大考验",怎样应对,需要深思。在党的政治纪律和政治规矩面前,一些党员干部精神松懈,不以为然,违规违纪的情况不在少数。不严明政治纪律,不树立规矩意识,就会迷失方向、损毁形象、失去力量,要进行具有许多新的历史特点的伟大斗争谈何容易,要坚持和发展中国特色社会主义这个"王道"更为艰难。因此,以猛药去疴、壮士断腕的决心全面从严治党,非严明纪律这条"霸道"不可。我们党靠着纪律和规矩,一路走来;必须靠着纪律和规矩,才能一路走好。

敢担当

敢于担当，从来是中国共产党人的政治本色和鲜明品格。习近平总书记在新一届中央政治局常委同中外记者见面时，庄严提出"三个责任"：对民族的责任，对人民的责任，对历史的责任。何谓担当，莫过于此，这是一种大担当。党的十八大以来，习近平总书记反复讲要敢于担当，要有担当意识。有人做过统计，习近平总书记在不到一年半的时间里，有近四十次使用"担当"这个概念。

这就引出一个问题，在新的形势下，敢于担当的具体内涵是什么，怎样才能履职尽责，更好地担当起责任使命呢？概括起来，无非是四样东西：攻坚克难，底线思维，内心定力，浩然正气。它们恰如四个支点，撑起担当的事业天地。

第一，关于攻坚克难。这似乎是老生常谈，领导干部总是一路进取、攻坚克难而来。但时间长了，会不会心生疲倦？看到前行路上的"天花板"，甚至发现再往前走会触动自己的"奶酪"，是不是能够依然昂扬进取？特别是目前改革发展稳定诸多矛盾横亘在面前，在做与不做、干与不干之间，一经权衡得失，不愿作为、不能尽责、不敢担当的情况是有的。或因于此，习近平总书记强调，要敢于啃硬骨头，敢于知难而进，要有逢山开路、遇河架桥的精神。古人说，"为官避事平生耻"，担当大小，体现着干部的胸怀格局，有多大担当才能干多大事业。改革推进到今天，比认识更重要的是决心，比方法更关键的是担当。

中国改革的历史进程，是一个先易后难，越来越明显地成为调整社会利益格局的过程。我们把目前的改革形象比喻为"攻坚期"和"深水区"，意思是改革遇到的难度和复杂程度是此前没有遇到过的。好改的、见效快的、利益增量式的和普遍受惠的改革，绝大多数都进行了，剩下的大多是难啃的"硬骨头"，涉及体制机制上的顽瘴痼疾，涉及对社会群体利益格局进行协调，涉及对业已形成的利益藩篱予以破除。利益调整为什么是件难事？西方有一句格言说得好："几何公理要是触犯了人们的利益，那也一定会遭到反驳的。"而当今中国社会，事实上出现了利益分化和利益固化的情况。全面深化改革必然触动某些部门、某些地方、某些人群的既得利益，甚至触动灵魂。制定和实施一些改革措施，也常常面临两难甚至多难境地。但是，利益调整这个关口，无论怎样艰险也必须得过，否则，改革就会失去群众支持，改革的意义就会打折扣，改革本身也会停滞下来。所谓攻坚克难，莫此为甚。同时，在全面深化改革的过程中，也要做到进要有定力，动要有秩序。

第二，关于底线思维。意思是凡事从坏处准备，努力争取最好的结果，做到有备无患、遇事不慌，牢牢把握主动权。这个提法引起领导干部广泛共鸣，因为它道出了敢于担当的底气所在。中国共产党在抗日战争即将胜利时召开的七大会议上，毛泽东同志预言抗战胜利后我们将遇到十七种困难，诸如国民党占去我们几大块根据地，甚至延安也会丢失等，因此，思想上要"准备吃亏"，战略上要"在最坏的可能性上建立我们的政策"。解放战争初期我们遭遇那样大的危机都能够扛下来，就是因为有这样的底线思维。准备了最坏的，才更有利于争取最好的，这就是事物的辩证法，也是领导决策的辩证法。领导决策不可能总是万无一失，客观形势也不会一成不变，前进路上不可能没有风险挑战，如果有了底线思维，一旦有事，就会因为事前有底线准备而不至于惊慌失措，就能够担当起来，掌握应对的主动权；即使有所失误，也敢于承担责任，想出办法解决新的矛盾。这样的担当，不仅最有勇气，也最符合道义。

第三，关于内心定力。何谓定力，不难理解，说到底就是对正确选择的坚守，是内心世界的修养达到的一种境界。内心世界有各种领域，敢于担当，便需要各种定力。具体说来，我们当前要强调的是以下几种定力。

一是政治信念上的定力。这主要指对中国特色社会主义的道路、理论和制度的坚定信念。在相当长时期内，初级阶段的社会主义还必须同生产力更发达的资本主义进行长期合作和斗争，还必须认真学习和借鉴资本主义创造的有益文明成果，甚至必须面对被人们用西方发达国家的长处来比较我国社会主义发展中的不足并加以指责的现实。我们必须有很强大的定力，才能坚决抵制抛弃社会主义的各种错误主张，自觉纠正超越阶段的错误观念。包括在全面深化改革的进程中，改进和完善国家治理体系，怎么改、怎么完善，我们都要有主张、有定力。总之，我们找到一条道路不容易，要坚持走好这条道路，没有定力是不行的。

二是发展目标上的定力。实现两个一百年的奋斗目标，一切为了中华民族的伟大复兴，在这个问题上不能有任何动摇。经济发展进入新常态后，面对经济下行的压力，我们更要保持这个定力。一方面，我国发展仍处于重要战略机遇期，但在此期间不可能一直都顺风顺水，会出现经济周期波动，我们要辩证看待经济运行中出现的突出问题和风险，增强信心，适应新常态，不必大惊小怪，要保持战略上的平常心态。另一方面，在战术上要高度重视和防范各种风险，看到其复杂性和严峻性，早作谋划，未雨绸缪，及时采取应对措施，尽可能减少其负面影响。

三是在处理国际关系上的定力。新兴大国出现必然带来国际格局调整，必然遭到守成大国遏制。这也是我国在今后较长时期内将面临的重大挑战。我们要充分认识这种战略变化的客观必然性，把握好大国关系演变的特点，保持战略清醒和战略定力。我们必须牢记一个历史铁律，决定世界政治经济格局的，归根到底靠的还是综合国力。因此，我们要集中精力办好自己的事，不断全面提高综合国力。

四是在工作方法上的定力。讲内心定力，也是对领导干部坚韧的工作方式和坚韧的工作能力的要求，意思是不要急于求成，不要朝令夕改。习近平同志在1990年3月写的《从政杂谈》一文中就说过，青年干部有四忌：急于求成、自以为是、朝令夕改、眼高手低。他说，作出决策之前，先听他个八面来风，兼听各种意见，深入了解所面临问题的本质，找出其规律，谋而后断；一旦作出决议，在解决问题过程没有结束之前，不作主体更改。党的十八大以后，习近平总书记强调并发展了这一思想，多次说，我们是一个大国，决不能在根本性问题上出现颠覆性错误，出现后就无法挽回、无法弥补。方法上，治大国若烹小鲜，大国政贵有恒，不能朝令夕改，不要折腾。今天喊这个口号，明天换那个口号，这不行。这不叫新思路，而叫不稳当。

以上这些定力，某种程度上也可以看成战略坚持上的定力。就是有的事情看准了，有了深刻认识和科学判断，有了战略决策和战略目标，并且在底线思维的基础上作了规划，即使遇到挫折，也不随便放弃，不半途而废，不瞎折腾，不犯颠覆性的错误。做到这一点，需要有担当勇气，需要有坚忍不拔咬定青山不放松的担当精神。

第四，关于浩然正气。能够担当，关键在自身要硬。所谓"硬"，就是要有崇高的道德追求，自身要清正廉洁，讲规矩，讲原则。如果涵养出浩然正气，就不会随波逐流，行为端正就不怕影子歪斜，内有底气就敢亮剑而为，遇事自然就有底气担当。这个道理，已经讲得很多了。

总的来讲，谋战略是基本能力，讲规矩是基本要求，敢担当是基本精神，都是提升领导干部素质，彰显领导干部人格力量、真理力量和实践力量的重要渠道。拥有之，大体便可以肯干事，能干事，干成事，并且不会干出太错的事。

人民与江山

1945年，中国共产党在延安召开七大的时候，毛泽东同志在预备会上充满感情地说：中国共产党成立以来的24年中，"尝尽了艰难困苦，轰轰烈烈，英勇奋斗"，"从古以来，中国没有一个集团，像共产党一样，不惜牺牲一切，牺牲多少人，干这样的大事"。①

如今，中国共产党成立100年了，它团结带领人民干成一件又一件大事，创造了最恢宏的人类史诗。探寻其中最根本的原因，就是习近平总书记在庆祝中国共产党成立100周年大会讲话中提出来的一个重要论断，"江山就是人民、人民就是江山"。中国共产党干成大事，根本原因是始终秉持着这个理念。

---

① 《毛泽东文集》第三卷，人民出版社1996年版，第292页。

挖掉"三座大山",打"江山",靠的是人民

在党的七大闭幕会上,毛泽东同志还讲了一个著名的寓言故事,叫《愚公移山》,这是《列子·汤问》记载的一个故事:一位叫愚公的老人,由于家门口被两座大山挡住了去路,进出很不方便,他就每天带着自己的孩子们去挖这两座大山。别人看了觉得可笑,说你怎么能够把山挖平呢?愚公说,我这一代挖不平还有儿子,儿子不在了还有孙子,孙子不在了还有他的后代,子子孙孙无穷尽,而山挖一点少一点,早晚能够把它挖平。愚公每天挖山不止,这件事感动了上帝,上帝就派两个神仙下凡,把两座大山给背走了。

问题来了。"愚公"比喻的是谁?显然,那就是中国共产党人。"上帝"比喻的是谁?那就是人民大众,"愚公"挖山不止的壮举和精神感动了人民,使人民心甘情愿和中国共产党人一起奋斗。两座"大山"比喻的是什么?实际上就是帝国主义和封建主义,在解放战争中还包括了官僚资本主义。中国共产党人带领人民大众要挖的就是这"三座大山"。毛泽东同志用这个寓言说明,中国共产党人为什么能够团结带领人民去干成那么多大事,根本原因是人多力量大,有了人民大众跟你在一起,有什么困难不能克服,有什么事情不能够办成,有什么"大山"不能移走呢?

愚公移山这个故事,传达的是中国共产党一路走来的历史本质,揭示了中国共产党为什么拥有感染力、引领力。感动"上帝",被历史和人民选择,关键在于中国共产党提倡的人格力量,

中国共产党为中国人民谋幸福、为中华民族谋复兴的初心使命,中国共产党奋斗不止的牺牲和奉献。

被历史和人民选择以后,中国共产党领导人民创造的恢宏历史,就是挖掉"三座大山",创建了新中国。今天,我们全面建成小康社会,又挖掉了一座"大山",就是绝对贫困的大山,意味着我们挖掉了穷根。在未来的征途上,还要继续去挖掉一切阻挡实现中华民族伟大复兴历史进程的"山"。

在7200多字的庆祝中国共产党成立100周年大会重要讲话中,习近平总书记提到"人民"两个字达86次。过去,中国共产党人打江山靠的是人民这个"上帝"。淮海战役胜利是靠老百姓用小车推出来的。这背后是什么样的历史事实?淮海战役,60万人民解放军战胜了80万国民党军队。60万凭什么能胜80万?而且是在国民党军装备、交通、运输条件都比我军更好的情况下。据统计,仅是被动员起来支援前线的民工就有543万人,平均下来,每个人民解放军官兵后面有9个人帮助送弹药、送粮食、抬担架。正可谓,"兵民是胜利之本",人民群众是历史创造的主体;又可谓,中国共产党根基在人民、血脉在人民、力量在人民。

不光打江山靠人民,推进建设、改革,推进中国特色社会主义事业,须臾离不开人民群众支持。实现中华民族伟大复兴,须臾离不开人民群众的伟大创造。中国共产党的领导力,体现在善于集中、总结、提升和推广人民群众的创造发明。

江山就是人民、人民就是江山

"挖山"靠人民。"打江山"靠人民，建立的"新江山"属于人民。

江山是国家，是政权。看一个国家的性质和特点，关键看两条，一看它的国体，二看它的政体。

什么是国体？国体就是各阶级在国家当中的地位。我们的宪法明确指出："中华人民共和国是工人阶级领导的、以工农联盟为基础的人民民主专政的社会主义国家。"所以，我们的国体是人民民主专政。什么是政体，就是国家的权力属于谁。我们的宪法规定："中华人民共和国的一切权力属于人民。人民行使国家权力的机关是全国人民代表大会和地方各级人民代表大会。"

从一些我们司空见惯的称谓和名称，也可以体会到中华人民共和国的根本性质和基本特点。你看，党的宗旨是全心全意为人民服务；革命胜利纪念碑叫人民英雄纪念碑；毛泽东同志1949年10月1日在开国大典上喊的口号是"人民万岁"；我们国家的名称叫中华人民共和国；最高权力机关所在地叫人民大会堂；各级政权一直到县、乡都叫人民政府；最大的统一战线组织叫人民政治协商会议；国家机器叫人民公安、人民检察院、人民法院；军队叫人民解放军；经济社会公共部门叫人民铁道、人民邮政、人民银行，很多城市都有人民公园或者叫人民路的街道，县级以上都有人民医院；学校的老师叫人民教师，作家创作的作品叫人民文学；我们今天的发展思想，是以人民为中心；连我们使用的货币，也叫人民币；等等。

这些耳熟能详的概念、名称，实际上体现了中国共产党领导人民创建新中国的初心所在，概括起来就是三句话：这是为人民建立的国家，这是靠人民建立的国家，这是人民当家作主的国家。这些，就是"江山就是人民、人民就是江山"的真实含义。

守江山，守的是人民的心

今天的"守江山"，就是巩固、完善和发展中国特色社会主义，守住人民的心。怎样才能守住江山，守住人民的心，关键在以下三点。

第一，守住自己的心：中国共产党没有任何自己特殊的利益，从来不代表任何利益集团、任何权势团体、任何特权阶层的利益。

过去经常讲两句话，党没有自己的特殊利益，它代表最广大人民的根本利益。现在，增加了一句话，进一步明确不代表什么方面的利益，即从来不代表任何利益集团、任何权势团体、任何特权阶层的利益。做到这第三句话，才能在新的时代条件下，更好做到前面两句话，才能在新的时代条件下守住人民的心。什么是新的时代条件，如社会主义市场经济的环境，在这样的环境里，特别需要公平正义，需要政商关系的"亲"和"清"。

在革命年代，中国共产党和人民群众的这种特殊关系，国民党也想学，但它始终学不来、学不到、学不成。原因在哪里？根本原因在于国民党是一个有自己利益的政党,而且代表大地主大资产阶级等利益集团、权势团体、特权阶层的利益。例如,孙中山提出要平均地权,后来国民党曾经考虑过搞土地改革,在蒋介石的家乡浙江还搞过试点,但最终不了了之。为什么?因为土地改革会动摇国民党的阶级基础和社会基础,他们是有自己特殊利益的。国民党到台湾,搞成了土改,因为它带去的干部和队伍,和当地没有什么很深的瓜葛。

中国共产党没有自己的特殊利益,不代表任何利益集团、权势团体和特权阶层的利益,与西方选举性政党的区别就更明显。西方政党都有自己的利益,并且代表相应群体的利益。它治国理政的政策,大多是为了多拉选票,对自己国家的发展很难有长远战略。西方执政党做事情的利益出发点,被绑定在两方面:一个是为了能够下一届当选,这是其最大政治利益;另一个就是代表那些选举他们上台、资助他们当选的团体和个人的利益。

第二,守住政治上的"心":发展全过程人民民主。

发展全过程人民民主,是对中国社会主义政治理论的重大创新。西方对中国的民主,歪曲攻击得很厉害。实际上,西方政党在选举时看起来是民主的,一上台执政,往往把民主抛到脑后,就没有了民主,而且一意孤行,执政党的决策常常是小圈子推动的结果。

我们追求的是全过程民主,而且是领域广泛的民主,本质上就叫人民民主。什么是人民民主?新中国成立时,一位叫费孝通的大学教授发表文章说:"我很早就听见过这民主两个字……但是究竟怎样才算是一个民主的社会呢？我不明白。"他参加了在北京召开的各界代表会议，一进会场，看到的是，"穿制服的，穿工装的，穿短衫的，穿旗袍的，穿西服的，穿长袍的，还有一位带瓜帽的——这许多一望而知不同的人物"，大家聚集在一起发表政治意见。费孝通由衷感叹："最近这六天，我上了一堂民主课，所得到的多过于过去的五年，甚至三十多年。"

人民民主，不仅是广泛参与的民主，而且是全过程民主，就是除了票决民主，还有协商民主；除了民主决策，还有民主监督；等等。

例如，从重大决策过程来看，2020年公布的《中共中央关于制定国民经济和社会发展第十四个五年规划和二〇三五年远景目标的建议》（以下简称《建议》），经历了很复杂的制定过程。正式起草前，包括国家高端智库的60多家单位，围绕经济社会发展中的38个专题，形成了200多份研究报告。各地区各部门还提交了109份有关新的"十四五"规划的意见和建议。中央领导人还多次到基层，问计于民。习近平总书记到湖南长沙，同来自基层的村党支部书记、乡村教师、扶贫干部、农民工、种粮大户、货车司机、快递小哥、餐馆店主、法律工作者，座谈了两个多小时。同时在网上征求意见，网民在网上留言有100多万条，《建议》起草组从中整理出1000多条具体建议。有了《建议》初稿后，习近平总书记还主持召开了七场座谈会，分别邀请民主党派和无党派人士、企业家、经济社会学家、科学家、教育文化卫生体育领域专家、基层代表等参加，当面听取意见。最后才把《建议》稿拿到党的十九届五中全会上审议修改,并最终得以通过。一个国民经济社会发展的五年规划,经过很多人的讨论,采纳了很多意见,这是个重大决策。这充分体现了全过程人民民主。

第三,守住发展上的"心":让全体人民共同富裕取得更为明显的实质性进展。

坚持以人民为中心的发展思想,团结带领人民为创造美好生活而奋斗,最重要的是要走共同富裕道路。共同富裕是社会主义的本质要求。毛泽东同志早在1955年就说过,让人民群众共同富裕是中国共产党得到人民群众拥护的原因,而且"这种共同富裕,是有把握的,不是什么今天不晓得明天的事"。今天,小康社会在中华大地上的全面建成,彰显了坚持以人民为中心的发展思想,不断保障和改善民生、增进人民福祉,走共同富裕道路的显著优势。全面建成小康社会这个目标实现以后,势必要让共同富裕取得更为明显的实质性进展,这才能守住人民的心。

新时代促进共同富裕,有几个基本原则是明确的。一是,要鼓励勤劳创新致富。也就是说,共同富裕是靠广大人民干出来的,而今天的干,需要高素质的劳动能力、生产能力。二是,要坚持基本经济制度,我们仍然处于并将长期处于社会主义初级阶段,不能动摇公有制为主体、多种所有制共同发展。三是,既要尽力而为,也要量力而行。主要是要形成一种合理的分配格局。四是,要明确共同富裕是一个长远奋斗目标,有一个逐步接近的过程。

由此需要在深化改革开放的实践中，去探索相应的措施和途径。例如，中央批准浙江成为共同富裕的示范区和试验地，就是这方面探索的重要举措。当然，共同富裕不是同步富裕，是分阶段的；共同富裕也不是同等富裕、搞平均主义，主要是扩大中等收入群体。

始终把人民放在心中最高位置

党的十八大以来，习近平总书记围绕坚持党的宗旨、保持党同人民群众血肉联系发表了许多重要论述。这些论述着眼于实现党的十八大提出的目标任务、坚持和发展中国特色社会主义，着眼于保持党的先进性和纯洁性、使党永远立于不败之地，着眼于发扬党的优良作风、密切党群干群关系，内涵深刻，语重心长，是广大党员干部在新形势下增强宗旨意识和加强作风建设的行动指南。

实践党的宗旨和实现党的奋斗目标是有机统一的

2012年11月15日，新一届中央政治局常委同中外记者见面时，习近平总书记围绕党的宗旨和作风，明确提出两大课题：一是把人民对美好生活的向往作为我们党的奋斗目标；二是切实改进工作作风，密切联系群众。如此掷地有声的宣示，成为新一届党中央领导集体印记鲜明的亮相。

党的宗旨反映党的性质和理想，是共产党人安身立命的根本，来不得半点含糊。关于我们党的宗旨，习近平总书记指出，"说到底还是为人民服务这句话。我们党就是为人民服务的。中央的考虑，是要为人民做事"。用语朴实简洁，态度鲜明有力，内容提纲挈领，看起来是重申党的一贯主张，却很有现实针对性，道出了共产党人在新形势下必须坚守的政治灵魂和精神支柱。只有一切为了人民、一切依靠人民，共产党人才立得住。我们党以人为本、执政为民的执政理念，从根本上说就是从为人民服务这个宗旨中延伸出来的。

党在不同历史时期实践自己的宗旨，总是和自己的奋斗目标紧密联系在一起的。在今天，为实践宗旨做的最大事情，就是实现党的十八大提出的"两个一百年"奋斗目标。党担负着团结带领全国人民全面建成小康社会、推进社会主义现代化、实现中华民族伟大复兴的重任。习近平总书记进一步把这个目标概括为中国梦，指出它的内涵是"国家富强、民族振兴、人民幸福"；中国梦"归根到底是人民的梦"，"体现了中华民族和中国人民的整体利益，是每一个中华儿女的共同期盼"。这些重要论述实际上把党的宗旨具体化了，和党的历史使命、和人民的愿望理想紧密地结合在了一起了。这启示我们，我们党讲代表最广大人民的根本利益，讲中国特色社会主义的共同理想，讲实现中华民族伟大复兴的中国梦，实际上都是围绕党的根本宗旨和执政理念从不同角度展开的，从根本上说就是从人民的利益和愿望中延伸出来的。

党的宗旨和人民的利益、党的奋斗目标和人民的愿望既然如此密不可分，那么，看党员干部是不是牢固坚持了党的宗旨意识，首先就要看党员干部干的事情是不是党和人民需要干的，是不是在努力地为人民造福。对此，习近平总书记提出了明确要求。他指出，"实现我们的奋斗目标，开创我们的美好未来，必须紧紧依靠人民、始终为了人民"；"检验我们一切工作的成效，最终都要看人民是否真正得到了实惠，人民生活是否真正得到了改善"。当前，党领导的改革和发展已经深入社会利益结构大面积、大幅度调整时期，人民群众自身利益格局的分化比较明显。在这种情况下，实践党的宗旨的着力点，或者说衡量党员干部是不是在干党和人民需要干的事情，就要看党员干部能不能正确处理最广大人民根本利益、现阶段群众共同利益、不同群体特殊利益的关系，特别是要高度重视和维护困难群众的利益。实践党的宗旨，为党的目标奋斗，必须聚焦到、落实到实现好、维护好、发展好人民群众利益上。

　　实践党的宗旨，朝着党的奋斗目标前进，必须把党的正确主张变为群众的自觉行动。人民是历史的创造者，群众是真正的英雄，这是我们党始终坚持的历史观。党员干部为实践党的宗旨、实现党的奋斗目标所做的任何事情，都离不开人民自己的努力。习近平总书记强调，要"实现党的十八大确定的奋斗目标，实现中华民族伟大复兴的中国梦，必须紧紧依靠人民，充分调动最广大人民的积极性、主动性、创造性"。这启示我们，要把党的正确主张变为人民群众的自觉行动，必须善于在党与群众之间建立信念纽带，用共同理想把人民团结起来。党的十八大提出的奋斗目标和中国梦能否实现，取决于党员干部在实践中能不能用贴近群众利益、符合人民愿望的具体目标把人民群众的精神、信念和力量凝聚起来、发挥出来。做到了，实践党的宗旨、实现十八大提出的奋斗目标和中国梦就有了根本保证。

以优良的作风凝聚人民，发挥党的最大政治优势

靠什么才能凝聚起人民的力量呢？靠我们党的优良作风。

关于党的优良作风，习近平总书记作了概括，包括理论联系实际、密切联系群众、批评与自我批评以及艰苦奋斗、求真务实等。宗旨和作风的关系，是"源"和"流"的关系，是目标和途径的关系。作风的好坏直接源于宗旨意识的强弱，而没有相应的作风来保证，宗旨意识就体现不出来、落不到实处。是不是实践了党的宗旨，从结果看在于是不是实现好、维护好、发展好了人民利益，从过程看在于党员干部的作风是不是过硬。

我们党的最大政治优势是密切联系群众，就是靠自己艰苦扎实的工作作风来联系、影响、带动群众。毛泽东同志曾经把我们党肩负的历史使命比作"挖山"，把人民大众比作"上帝"，怎样才能把人民凝聚在自己的周围一齐把山挖掉呢？他说，要像愚公移山那样去"感动上帝"，使广大人民群众"甘心情愿和我们一起奋斗"。愚公移山就是一种作风，没有这样的作风，就"感动"不了群众，也就谈不上联系、影响和带动群众。习近平总书记讲

的"打铁还需自身硬",点出了密切联系群众、感染影响群众的精髓。党员干部自身硬,要硬在强烈的宗旨意识和责任意识,硬在能够发挥战斗堡垒作用和先锋模范作用,硬在以优良的作风保持党同人民群众的血肉联系。

毫无疑问,在今天发扬党的优良作风,关键在于保持党同人民群众的血肉联系。习近平总书记提出,"执政党的最大危险就是脱离群众","加强和改进党的作风建设,核心问题是保持党同人民群众的血肉联系"。这一重要论断揭示了在新形势下作风建设的紧迫性及其要害所在。脱离群众之所以是最大危险,在于它是政治危险,是关系党的生死存亡的危险。脱离群众的作风之弊和行为之垢如果任其发展下去,就会像一道无形的墙把我们党和人民群众隔开,不仅实践党的宗旨成了一句空话,党的性质也会变化,生死存亡的问题自然出现。脱离群众有许多表现形式,今天最突出的就是形式主义、官僚主义、享乐主义和奢靡之风。这"四风"是违背我们党的性质和宗旨的,是当前群众深恶痛绝、反映最强烈的问题,也是损害党群干群关系的重要根源。"四风"问题解决好了,党内其他一些问题解决起来才可能有更好条件。这就是全党开展党的群众路线教育实践活动要聚焦到解决"四风"上的根本原因。

怎样才能保持党同人民群众的血肉联系呢?习近平总书记多次引用郑板桥的一首诗:"衙斋卧听萧萧竹,疑是民间疾苦声。些小吾曹州县吏,一枝一叶总关情。"实践党的宗旨,和人民群众形成血肉联系,没有感情是不行的。我们讲与人民心连心、同呼吸、共命运，说到底就是一个感情问题。

所谓感情，就是对人民群众的仁爱之心、关爱之心。习近平总书记强调，领导干部要"接地气"，只有接了地气，才能培养对群众的感情。如果不带着感情去做接地气的"动作"，和群众就形成不了鱼水关系、血肉联系，而往往形成"油水关系"。感情是和群众处出来的，不处，就难以及时准确地了解掌握群众所思、所盼、所忧、所急；感情是在实践中干出来的，不干，就难以把群众工作做实、做深、做细、做透。处了，干了，感情油然而生，就会自觉地把转变工作作风和解决群众反映强烈的突出问题结合起来，自觉地多做一些雪中送炭、急人之困的事情。有些事即使一时办不成，只要已经真心实意、尽心竭力去努力了，群众也会理解。因为是不是带着感情为群众做事，群众是看得出来、体会得到的。带着感情为群众做事，群众会受到感染，就会同心同德和党一起把事情干成。这就叫以优良的作风把群众凝聚在一起，这样才能发挥我们党的最大政治优势。

关键在于增强思想自觉和行动自觉

习近平总书记在河北调研指导党的群众路线教育实践活动时提出，贯彻执行党的群众路线，要"着力增强思想自觉和行动自觉"。一般情况下，只有把道理真正弄懂了，行动才能持久；只有行动上落实了，对道理的领悟才能更深入。

多年来，中央经常讲坚持党的宗旨、密切党群干群关系，围绕改进作风也发了不少文件、采取了不少措施，但为什么背离党的宗旨、脱离群众的现象依然有？这是一个很值得思考的问题。主观上无疑是因为宗旨意识不牢固、不坚定，客观上也与管党治党失之于宽、失之于松有关。此外，还有一个知与行的关系问题需要解决。习近平总书记强调"思想自觉和行动自觉"，就是为了促进知行合一。"知"是思想自觉，"行"是行动自觉。思想和行动同时自觉、同时努力，既是以知促行，也是以行促知。

所谓思想自觉，不只是在理论认识上悟深悟透坚持党的宗旨、保持党同人民群众血肉联系的丰富内涵和极端重要性，还要联系自己，经常问问有没有一心一意在为群众做事情？经常想想群众在我们心目中占据什么位置？我们在群众中是什么形象？经常检查是不是按党章的要求和党内法规去做了？习近平总书记对群众路线教育实践活动提出"照镜子、正衣冠、洗洗澡、治治病"的总要求，概括起来就是通过思想自觉，达到自我净化、自我完善、自我革新、自我提高的目的。

这样的思想自觉看起来简单，真正做到却不那么容易。实现思想自觉，与我国传统文化中讲的"慎独"类似，需要对自己的思想时时刻刻形成一种警示、压力甚至"折磨"。人们说"工作上要艰苦，思想上更要艰苦"，就是这个意思。过思想上艰苦这一关之所以不容易，是因为必须联系自己，听意见、查问题、改作风，很复杂且多反复，时常触及自己的感情和利益，有时难免还有委屈。但如果不直面这些警示、压力甚至"折磨"，就谈不上自觉地把道理悟深悟透。

真正的思想自觉总要落实到行动上，也只有落实到行动上才能体现思想自觉。在改进作风过程中，如果停留在文件上，停留在会议上，停留在一般的号召上，那就可能是以形式主义反对形式主义、以官僚主义反对官僚主义。这种现象既缺少思想自觉，更没有行动自觉。一般说来，现在的领导干部文化程度和理论水平都不低，谈理论认识是比较容易的。但如果只落在会议和简报上，真抓实干则不甚了了，就说明思想自觉没有转化为行动自觉。殊不知，行动自觉才是牢固树立宗旨意识、保持党同人民群众血肉联系的试金石。只有在身体力行为人民做事、为人民服务的实践中，才能真正体会到宗旨意识的真谛，才能通过优良作风把人民群众凝聚起来，发挥好我们党的最大政治优势。

当然，实现思想自觉和行动自觉不是一蹴而就的事情，因此"要以踏石留印、抓铁有痕的劲头抓下去"。道理不言自明：抓而不紧，等于不抓；抓而不实，等于白抓。在坚持党的宗旨、保持党同人民群众血肉联系的问题上，实现思想自觉和行动自觉的过程就是经受宗旨意识和作风建设新考验的过程，就是形成风气、形成习惯、形成长效机制的过程。

为什么说群众路线是个"法宝"

习近平总书记2013年6月18日在党的群众路线教育实践活动工作会议上强调:"群众路线是我们党的生命线和根本工作路线。"我们党的历史经验和现实经验一再证明,离开了人民群众,不坚持人民群众主体地位,不发挥人民群众的首创精神,不落实好为民务实清廉的党性要求,再好的目标和设想,都不可能办成。同时要看到,在新的形势下,如何落实好为民务实清廉的党性要求,出现了一些新情况和新问题,面临不少新挑战。群众路线是实现党的思想路线、政治路线、组织路线的根本工作路线。只有坚持和发扬这个根本路线,我们才能更好地做到为民务实清廉,才能把事情办成并且办好。

党的群众路线，是我们思考问题和解决问题的立场、观点和方法。群众路线是党在各个历史时期想问题、办事情的法宝

人心向背，历来是决定一个政党、一个政权盛衰的根本原因。对此，毛泽东同志有句话讲得很透彻。他说，"一切问题的关键在政治，一切政治的关键在民众，不解决要不要民众的问题，什么都无从谈起。"① 党的早期骨干虽然是知识分子，但党一成立他们就深入群众做工作，依靠人民群众这个最大的政治优势，我们党才可能在其他各个方面处于很大劣势的情况下逐步取得革命的胜利。所以，毛泽东同志在总结中国革命成功经验时特别强调，"有无群众观点是我们同国民党的根本区别"，"共产党的路线，就是人民的路线"。人民的路线，就是群众路线。这说明，我们党取得成功，不光是因为有理想，有主义，有奋斗牺牲的崇高精神，还在于我们党通过走群众路线，代表了人民群众的利益，始终得到了人民群众的支持。

今天回过头来看，党在夺取政权的过程中，由于环境所迫，敌强我弱，坚持和使用群众路线这个法宝，保持和人民群众的血肉联系，有动力，有压力，因为不这样做不行，否则，党员干部连生命都保不住，党也存在不下去。那么，在我们党成为执政党以后，在形势和任务发生很大变化的情况下，又是怎样看待群众

---

① 《毛泽东文集》第三卷，人民出版社1996年版，第202页。

路线，怎样坚持运用和发展我们党的群众路线的呢？

新中国成立后，我们党首先解决的就是立国为谁，执政为谁这个根本问题。立国为民，执政为民，让人民当家作主，这是不变的宗旨。所以，我们的政权叫人民民主政权，许多权力机关甚至服务行业，前面都有"人民"二字，诸如人民代表大会、人民政府、人民政治协商会议、人民法院、人民检察院、人民银行、人民邮电、人民铁道，使用的货币也叫人民币，等等。今天看起来，都习以为常了，但绝不能简单地把这些只看成名称符号，而是真切地反映了我们党在新中国成立之初，在政权性质上的根本宗旨。把人民的地位看得如此重要，这在世界上是少有的。

1956年我国进入社会主义社会以后，我们党又要求自己的决策"统筹兼顾"各方面的群众利益，强调正确处理人民内部矛盾，让人民觉得我们搞的社会主义是"可亲的"，等等。这些都是在运用群众路线问题上与时俱进的做法。这当中，在党群关系上出现了新问题，我们党也始终强调坚持和运用群众路线来解决。例如，20世纪50年代前期，在河南省一个地方要修飞机场，事先没有给农民安排好，没有说清道理，就强迫人家搬家。于是那个地方的群众布置了三道防线：第一道是小孩子，第二道是妇女，第三道是男的青壮年。到那里去测量的人都被赶走了。后来，向农民好好说清楚，给他们作了安排，他们的家还是搬了，飞机场还是修了。1956年，毛泽东同志在党的八届二中全会上专门讲了这件事，并评论说：你拿根长棍子去捅树上雀儿的巢，把它搞下来，雀儿也要叫几声。国家的命运掌握在党员干部手里。

如果脱离群众，不去解决群众的问题，农民就要打扁担，工人就要上街示威，学生就要闹事。

改革开放以来，形势和任务变化很大。但党的宗旨和群众路线却是一脉相承的。在推进改革开放的过程中，邓小平同志指出，党制定好富民政策就是为人民服务，他把人民拥护不拥护、赞成不赞成、高兴不高兴、答应不答应作为各项工作的出发点和落脚点。在建立社会主义市场经济的过程中，江泽民同志明确提出立党为公、执政为民的执政理念。他反复强调，"在任何时候任何情况下，与人民群众同呼吸、共命运的立场不能变，全心全意为人民服务的宗旨不能忘，坚持群众是真正英雄的历史唯物主义观点不能丢。必须始终把体现人民群众的意志和利益作为我们一切工作的出发点和归宿，始终把依靠人民群众的智慧和力量作为我们推进事业的根本工作路线。"① 在新世纪新阶段，胡锦涛同志提出"权为民所用、情为民所系、利为民所谋"的新要求，并强调要顺应人民群众的新期待，把坚持和发扬群众路线，加强和改进群众工作，作为落实科学发展观的必然要求。

党的十八大后，我们处于全面建成小康社会的决定性阶段，人民群众有许多新的要求。以习近平同志为核心的党中央，一开局就制定了改进工作作风的八项规定，这是促进领导干部带头坚持和发扬党的群众路线的一个重要措施。习近平总书记还强调，"检验我们一切工作的成效，最终都要看人民是否真正得到了实

---

① 《江泽民文选》第三卷，人民出版社2006年版，第271页。

惠，人民的生活是否真正得到了改善，这是坚持立党为公、执政为民的本质要求，是党和人民事业不断发展的重要保证。"由此，他要求各级干部"要经常问问自己，我们是不是在忙着与党的根本宗旨毫不相关的事情？有没有一心一意在为老百姓做事情？"开展的党的群众路线教育实践活动，更是顺应群众期盼，发挥党的政治优势，推进中国特色社会主义伟大事业的重大举措。

随着我们的事业不断向前发展，在处理党群关系问题上，我们会常常遇到新的问题、新的挑战，并且不断地在理论和实践上进行创新。但是，万变不离其宗，我们党始终突出地强调群众路线这条主线，而且异常鲜明。无论形势怎样发展，群众路线都是我们时刻不能忘记和轻视的法宝。

那么，究竟应该怎样正确理解和把握党的群众路线这个法宝呢？下面这几个方面特别重要。

人民的利益高于一切，对人民负责，为人民服务。这是群众路线的出发点和落脚点，体现了我们党的宗旨

所谓党的宗旨，就是我们党干事业的根本目的，解决立党为谁，执政为谁的问题。只有解决了"为了谁"，才可能正确地解决"怎样为"的问题。我们党对人民负责，为人民服务，在通常情况下，应该具体到为人民的利益负责，为人民的利益服务，在工作中把人民的利益看得高于一切，并且落实到让人民群众得到实惠这个问题上。当然，也不能把一切为了人民的利益等同于只为人民的物质利益。如果完全忽视必不可少的长期细致工作，只靠金钱来联系群众，通常只能稳定一时。但总体上说来，在把人民群众的整体利益和个体利益、长远利益和眼前利益结合起来的基础上，万万不要忽略群众的个体利益和当前利益。只有做到了这一点，才算是实践了党的宗旨，走群众路线才算是有了根本的"魂"。

从领导干部的角度讲，做到为人民的利益负责，最关键的是要使自己的利益和最广大人民群众的利益一致。我们党不是西方政党理论所强调的党是一部分精英分子的利益集团，我们党和党的干部的利益，和广大群众是一致的。如果按利益群体划分，党的干部应该分布在最广大的群众之中，这才能体现党来自人民、代表人民。否则，群众就不会把党员干部当作自己的代表，而是当作另外一个群体或者特殊阶层。这样一来，处理党群关系的立场就会发生变化，就很难把群众的利益看得高于一切。

人民是历史的创造者，相信群众，坚定地依靠群众。这是实行群众路线的力量所在，体现了我们党的历史观

人民群众是历史的创造者，这是我们党最根本的历史观。群众路线就是根据这样的历史观，要求我们把人民群众当作历史活动的主体，而不是被动的被领导者。我们党常常把人民群众称作

"真正的英雄",此外还有各种各样的比喻。例如,说人民是"上帝",是"铜墙铁壁",是"诸葛亮",这些比喻传达的实际上就是一个意思,离开了人民群众,我们寸步难行。只有相信群众,依靠群众,才有力量,才算是抓住了做好一切工作的关键。

相信群众、依靠群众表现在工作中,就是既要问需于民,也要问政于民、问计于民,要善于激发群众的积极性和主动性,尊重群众的创造性,总结群众创造的经验。事业是多数人参与才能做成,靠自己、靠少数人去做,作用是有限的。总之,相信群众,依靠群众,就是要对群众常怀敬畏之心,敬畏群众的需求,敬畏群众的认识,特别是要敬畏群众的参与和创造,今天还要敬畏群众的监督。

同人民群众保持密切联系,争取人民群众的最大信任。这是实行群众路线的基础,体现了我们党的优良作风

没有在日常工作中密切联系群众的作风,群众路线就实行不下去。光是你相信群众,群众不相信你不行,在心里感觉和你是两张皮,无论你有怎样好的执政理念,都难成事。所以,毛泽东同志把党群关系、干群关系,比作鱼水关系。刘少奇同志也讲过,我们党什么都不怕,最怕的一件事就是脱离群众。我们党和群众本来就是一体的,一旦和群众隔了心,成为两张皮,就会失去群众的信任。特别是各种形态的形式主义、官僚主义、享乐主

义和奢靡之风，更是和群众离心离德之举。怎样才能保持和人民群众"不隔心"的密切联系呢？无非两条：一是打铁还需自身硬，做人清廉；二是不搞花架子，做工作务实。这样才可能真正和人民群众建立起感情上的联系，即以平等的态度、相同的立场和群众打成一片。情感立场不是抽象的，要有一套接触群众、了解群众的方法，热心为群众办实事，并且和群众商量着办实事。要用群众能够接受的态度和方式宣传政策、处理矛盾。这样才能让群众觉得你的情感立场是和他相通的，他就会最大程度地信任你。有一位基层法官曾经说到一个例子，讲有位当事人反复十几遍阐述他的诉讼理由，旁边的人听得打起了瞌睡，但她一直听着，很少打断当事人的诉说。当她开始讲起法律规定和处理方案时，对方突然出人意料地说：你怎么说怎么好，你是第一个完完整整听完我理由的人，你尊重我，我信任你。群众为什么信任这位法官，就是因为他感觉到这位法官尊重他，心是和他相通的。

坚持从群众中来到群众中去，确保政策和决策的正确性。这是实行群众路线的工作途径，体现了我们党的思想路线

说"从群众中来到群众中去"，体现了我们党的思想路线，是因为它是"实事求是"在我们的工作路线中的集中反映。它要求我们在制定政策和决策时充分尊重和反映群众的实践和愿望，把它作为根本依据，这样才能确保政策和决策的正确性。它是

和主观主义、命令主义、教条主义的思想路线根本对立的。从群众中来，就是毛泽东同志讲的，"群众生产，群众利益，群众经验，群众情绪，这些都是领导干部们应时刻注意的"。只有时刻注意，经常发现，才能获得制定政策、作出决策的依据。到群众中"去"，就是要征求群众意见，把政策和决策放到群众的实践中去检验它对不对，好不好。对了的就坚持，不足的就完善，错了的就纠正，出现新的问题就再总结，并抓紧解决。可见，从群众中来，到群众中去，绝不只是一种简单的工作流程，而是一个复杂的过程，是需要从群众的实践和愿望中去发现、去总结的艰苦努力。这一"来"一"去"的过程，也是我们今天说的依法执政、民主执政和科学执政的重要保证。

总的来说，群众路线，就像一面科学的"镜子"，只要敢于面对，认真面对，就可以照出我们的差距，可以帮助我们摆正自己的位置。群众路线，又是一个很管用的"法宝"，只要正确使用，用心使用，就可以帮助我们掸去身上的灰尘，可以帮助改进我们的作风。

调查研究与中国道路

1930年,毛泽东同志在江西省寻乌县进行了被他称为"最大规模"的社会调查。在此前后,他还在赣南、闽西进行了一系列社会调查。这些调查,为他在中国革命最困难、最要紧的岁月探索中国革命道路打下了重要的认识基础,更为马克思主义中国化这个最基本、最长远的事业,提供了正确方向。

道路问题至关重要。近代以来,中华民族的救亡图存和发展强大,应该走什么路、怎么走,一直是无数仁人志士孜孜以求的基本问题,更是中国共产党成立以来的一个核心问题。毛泽东同志以寻乌调查为代表的社会调查和党的历史经验告诉我们:正确的道路,从来都是深埋在国情的土壤之中,要把它找出来,从来都是从深入地了解和研究国情开始的。

我们党在确定了民主革命纲领之后,革命道路"是什么"、应当"怎么走",仍然面临着各种纷扰。可以说,就在毛泽东同志埋头搞寻乌调查的时候,"城市中心论"仍然是党内决策层的主流看法。1930年夏天，李立三主持中央工作时，要各地红军分别去打长沙、南昌等城市，进而"饮马长江，会师武汉"的战略调度，即为一例。毛泽东同志以寻乌调查为代表的一系列赣南、闽西社会调查，其特殊意义在于，为清晰回答中国革命"是什么"和"怎么走"这两个事关道路的重大课题，提供了认识基础。

关于"是什么"。毛泽东同志对这个问题的认识，有一个发展变化的过程。周恩来同志1944年在延安中央党校作报告时曾说，"六大"召开时，毛泽东同志虽然已经提出了"工农武装割据"的思想，但他"还是认为要以城市工作为中心的"。从"工农武装割据"到"以农村为中心"的转变，是创立农村包围城市道路的关键一环。毛泽东同志1929年在长汀、上杭等地所进行的广泛社会调查，使他开始抓住这个关键环节，坚定了他把创立巩固的革命根据地作为"前进的基础"的决心。在土地革命、武装割据这些基本政策指导下，赣南、闽西革命根据地逐步巩固发展，建立起影响全国的"中心工作区域"。"农村包围城市，武装夺取政权"这条道路的设计，就是在这个过程中间孕育成熟的。

关于"怎么走"。在大革命失败后的严酷斗争形势下，中国革命道路"怎么走"，比"是什么"的争论显得更为迫切与紧要。它直接决定着党和红军能否生存发展，并最终决定着农村包围城市这条道路能否走得通。为弄清"怎样走"的问题，毛泽东同志的办法依然是"向下看"，通过调查研究来找到钥匙。在寻乌调查中，他深入而系统地研究了当地商业资本的兴衰过程和原因、中国农村的土地关系和剥削状况、各个阶级和阶层的生存现状及政治态度，特别是细致入微地分析和总结了寻乌进行土地斗争的经验教训，由此，对为什么要走和怎样走农村包围城市这条道路，在认识上有了飞跃；对这条道路为什么能够走得通，在认识上也有了实践依据。

具体说来，毛泽东同志以寻乌调查为代表的社会调查，之所以能够从宏观上认识到中国革命道路"是什么"和"怎么走"，在于这些调查大体在以下几个问题上为当时的道路探索提供了认识基础。

第一，以寻乌调查为代表的社会调查，为党在道路探索中制定正确的土地政策，提供了可靠的阶级依据。在到井冈山之前，毛泽东同志也做过一些农村调查，但他认为，自己对"农村阶级的结合，仍不是十分了解的"。寻乌调查之后，他才"弄清了富农与地主的问题，提出解决富农问题的办法"；兴国调查之后，才弄清楚了"贫农与雇农的问题"。后来，他还在调查基础上，进一步提出了正确对待中农的问题。弄清楚农村各阶级的状况及其相互关系，在实践中产生了两个积极成果，一是使党找到了解决土地问题的可行路径，进而制定出比此前的土地政策（如"井冈山土地法"）更切合实际的方案；二是发展了马克思主义的阶级分析学说，使农村阶级划分有了可行的标准。这两个成果，使中国革命道路的探索有了可靠的阶级基础。这就是毛泽东同志说的，"社会经济调查是为了得到正确的阶级估量，接着定出正确的斗争策略"。

第二，以寻乌调查为代表的社会调查，为党在道路探索中推进根据地建设,提供了切实的工作方法。建立巩固的革命根据地,努力发动群众,扩大红色区域,是土地革命时期中国革命道路的重要内容,也是毛泽东同志社会调查的重要方面。通过对东塘、长冈、才溪等地的调研,他搞清楚了苏维埃政府"在土地斗争中的组织和活动情形",就苏维埃政权的性质、任务、工作方法,以及经济建设、关心群众等问题作了完整论述。这些建立在"铁的事实"基础上的理论概括和政策措施,为开创中国革命新局面,迅速巩固和扩大中央革命根据地,提供了重要的政权基础和行政工作方法,为中国革命道路的探索前进,积蓄了组织力量。

第三,以寻乌调查为代表的社会调查,为党在道路探索中加强党的建设,提供了深刻的思想基础。走农村包围城市的革命道路,将建设一个坚强的无产阶级政党的任务,突出地提了出来。如果没有这个任务的完成,即使以"乡村为中心",也难免要失败。中央苏区时期,毛泽东同志通过调查研究,为解决这个问题作出了开创性的历史贡献。他在《反对本本主义》中明确提出党的"思想路线"概念,后来在《查田运动的群众工作》《关心群众生活,注意工作方法》中,又提出"群众路线"的科学概念和基本思想。这两个理论创新成果,与《古田会议决议》所提出的建党原则一道,使党的建设思想有了中国特色的新发展,为把以农民为主要成分的党,逐步改造成中国革命事业的坚强领导核心,提供了深刻的思想基础。

第四,以寻乌调查为代表的社会调查,为党在道路探索中处理马克思主义与中国革命实际的关系,提供了科学的前进方向。究竟应该以一种什么样的态度和方法，运用马克思主义基本原理，来处理中国革命遇到的实际问题，多年来没有解决。几次"左"倾教条主义的错误，盖源于此。毛泽东同志做寻乌调查的同时写作的《反对本本主义》，是他多年调查工作经验的思想结晶。这篇文章围绕调查研究这一根本工作方法，科学剖析了过去党犯错误的思想根源，提出了对待马克思主义的正确态度，即"马克思主义的'本本'是要学习的，但是必须同我国的实际情况相结合"，"中国革命斗争的胜利要靠中国同志了解中国情况"。这些经验总结和理论认识，是对党的实事求是思想路线的初步阐发，也是在马克思主义中国化这个根本问题上形成思想自觉的重要开端，从而为中国革命道路的探索提供了科学的前进方向。

总之，以寻乌调查为代表的社会调查，深化和拓展了毛泽东同志关于中国革命道路认识，激发和坚定了他对中国革命道路的自觉和自信。几十年过去了，我们党先后创造性地成功走出中国特色新民主主义革命道路和中国特色社会主义道路。历史的经验告诉我们，我们党在救国、兴国、强国的接续奋斗过程中，之所以能够探索和开辟出决定命运的伟大道路，之所以在不断变化的历史条件下能够坚持和发展业已证明是正确的道路，一个重要法宝，就是深入实际调查研究。昨天我们探索中国革命道路是如此，今天我们坚持和发展中国特色社会主义道路依然如此。

习近平总书记指出，"调查研究不仅是一种工作方法，而且是关系党和人民事业得失成败的大问题"。这里说的事业得失成败的大问题，说到底，就是如何坚持和发展中国特色社会主义道路的大问题。坚持和发展中国特色社会主义，是一个主观与客观相统一的过程。客观环境不断发生改变，新矛盾新问题总是层出不穷，需要完成的任务也不断发生变化。只有通过坚持不懈的、科学的调查研究，才能使党的方针政策正确反映实际需要，从根本上保证党的各项决策的正确制定与贯彻执行，保证我们在工作中尽可能防止和减少失误，即使发生了失误也能迅速纠正而又继续胜利前进。这样，我们就会在中国特色社会主义这条道路上走得更稳，更好。

更重要的是，调查研究是不断开创中国道路新局面，增强道路自信的深厚源泉和重要前提。认清中国国情，是认清中国一切问题的基本依据。在当今中国，要回答中国道路"是什么"和应该"怎么走"，就必须到中华民族独特的历史命运和独特的文化传统，到近代以来中国社会的发展条件和发展水平等基本国情中去寻找答案。对我国的基本国情不了解或不甚了解，就难以有道路上的明确选择；即使有了选择，也难以有充分的自觉和坚定的信心。通过寻乌调查，毛泽东同志坚定了对中国革命道路的正确选择，在马克思主义中国化的征程中迈出了关键一步。20世纪60年代，他又把调查研究的要求概括为"情况明，决心大，方法对"。这里的"决心大"，讲的就是对独立探索社会主义建设道路的自觉与自信。今天，我们讲道路自觉与自信，就是对中国特色社会主义被历史和人民选择的必然性有清醒的认识，对它在风险和挑战中不断前进的经验教训有科学的总结，对它在现实实践中不断延伸拓展的内生动力有理性的判断。有了这几点，树立中国特色社会主义的道路自信，才能有"底气"，接"地气"，才能经受住复杂局面的考验而不动摇。而这几点，说到底还是一个调查研究的过程，一个实事求是的过程。

　　毛泽东同志以寻乌调查为代表的社会调查，给我们留下了丰厚的思想遗产。这个遗产的核心，就是毛泽东同志所说的"研究问题的方法"，就是实事求是的精神，就是"一万年还是要进行调查研究工作"的要求。现在，我们正在进行具有许多新的历史特点的伟大斗争，实现中华民族伟大复兴的中国梦和第二个百年奋斗目标，还会遇到各种风险和挑战，还要克服各种艰难险阻。我们要坚持和运用好毛泽东同志所说的"研究问题的方法"，通过正确的调查研究，来认识新事物，获得新知识，提出新办法，解决新问题。

新战略·新理念·新思路

2015年6月18日，党中央在贵阳召开部分省区市扶贫攻坚与"十三五"时期经济社会发展座谈会。一年过去了，笔者就新时代以来打赢扶贫脱贫攻坚战的新战略、新理念、新思路，谈三点认识。

从全面建成小康社会和体现社会主义本质的战略高度来认识扶贫开发工作

搞好扶贫开发是全面建成小康社会的重大战略部署。全面建成小康社会，强调的不仅是"小康"，更重要、更难做到的是"全面"。这意味着小康覆盖的领域、人口、区域都要全面。这就提出从新的战略高度来认识扶贫开发工作的问题。习近平总书记指出："没有贫困地区的小康，没有贫困人口的脱贫，就没有全面建成小康社会。我们不能一边宣布实现了全面建成小康社会目标，另一边还有几千万人口生活在扶贫标准线以下。如果是那样，就既影响人民群众对全面建成小康社会的满意度，也影响国际社会对全面建成小康社会的认可度。"可见，全面建成小康社会的目标能不能如期实现，很大程度上要看扶贫攻坚工作做得怎么样。

扶贫开发既是发展问题，也是民生问题。搞好扶贫开发还是实现社会公平正义的基本内容。改革开放初期，面对普遍贫困的局面，我们党从工作布局上更多地把扶贫开发纳入经济建设和发展的范畴来推动，由此解决了绝大部分贫困人口的脱贫问题。党的十八大以来，以习近平同志为核心的党中央进一步从社会建设方面来强调扶贫开发工作，更加注重社会公平正义。因为发展起来后，如果贫富悬殊过大，社会不公平，就不能体现我国社会主义制度的优越性。贫穷不是社会主义，如果贫困地区长期贫困，面貌长期得不到改变，群众生活水平得不到明显提高，那也不是社会主义。做好扶贫开发工作，帮助困难群众脱贫致富，是我们党坚持全心全意为人民服务根本宗旨的重要体现。在2015年6月18日习近平总书记在贵州贵阳主持召开部分省区市扶贫攻坚与"十三五"时期经济社会发展座谈会上的重要讲话中，习近平总书记进一步强调，消除贫困、改善民生、实现共同富裕，是社会主义的本质要求，是我们党的重要使命。这一重要论述彰显了党中央以人民为中心的发展思想，将消除贫困提升到社会主义本质的战略高度来认识。

用补齐"短板"和政策"兜底"的新理念指导扶贫开发工作

理念是行动的先导,扶贫理念是否对头,从根本上决定着扶贫成效乃至成败。全面建成小康社会,在社会事业发展、生态环境保护、民生保障,特别是扶贫开发等方面,存在着一些明显的短板和薄弱环节。能不能补齐短板,决定着在全面建成小康社会的时间节点上能不能收好官。全面建成小康社会,各个环节、各个方面要协调发展,任何一方面的发展滞后都会影响全面建成小康社会目标的实现。因此,必须补好扶贫开发这块"短板",做好这篇大文章。这是党中央治国理政的一个明确的新理念。

通过社会保障实施政策性兜底扶贫,是指导扶贫开发工作的又一个新理念。人民群众对生活的期待不断提升,需求是多样化、多层次的。但我们的国力财力毕竟有限,在这种情况下,从实际出发,集中力量做好普惠性、基础性、兜底性民生建设,织密扎牢托底的民生"保障网",是一种必然选择。但是,"兜底"的理念,也不完全是为了保障基本民生,主要是解决特困群体的问题。在我国7000多万贫困人口中,完全或部分丧失劳动能力的就有2000多万人。这部分人无法通过开发性扶贫政策实现脱贫,对他们要通过社会保障实施政策性兜底扶贫,主要是纳入低保体系。"兜底"是保证困难群众一个不掉队的底线,是底线思维的运用,反映了我们党对扶贫脱贫攻坚事业认识的深化。

以"精准扶贫"的新思路打赢脱贫攻坚这场硬仗

如何"补齐短板",如何让"政策兜底"?这就需要实施精准扶贫的新思路。随着扶贫开发工作进入啃硬骨头、攻坚拔寨的冲刺期,采用常规思路和办法,按部就班地干,难以按期完成任务。因此,最好的思路是扶贫必先识贫,做到精准扶贫、精准脱贫。

扶贫开发推进到今天这样的程度,成败之举在于精准。如何做到精准扶贫?习近平总书记提出要做到"六个精准":扶持对象精准、项目安排精准、资金使用精准、措施到户精准、因村派人(第一书记)精准、脱贫成效精准。这就明确了"扶持谁"和"谁来扶"的问题。关于"怎样扶"的问题,主要是因地制宜研究实施"四个一批"的计划:通过扶持生产和就业发展一批,通过移民搬迁安置一批,通过低保政策兜底一批,通过医疗救助扶持一批。此后,又提出"五个一批"脱贫路径,丰富和发展了因人因地施策、因贫困原因施策、因贫困类型施策的分类施策思想。这些,都是对新阶段扶贫思路的开拓创新。

做好基层党建这篇既大且实的文章*

党的基层组织建设,从来就是一个既大且实的课题,一篇必须做好的既大且实的文章。说其大,因为它重要,是战斗堡垒,是党的大厦的根基,是党的力量和基础所在,直接影响党和国家的大局;基层强,党就强,基层弱,党就弱。说其实,因为它复杂、具体,它处在改革发展第一线,处在各种风险考验的最前沿,是党组织的"神经末梢",理路纷纭,变化万千,与世情、国情、党情和民情息息相关;党的肌体健康时似乎感觉不到什么,一旦有恙,疼痛之感首先在基层触发。

基层党建既是个理论问题,更是个实践问题。我们党历来重视基层党组织建设,始终有一个明确清醒的认识:基础不牢,地动山摇。这当然只是一个形象的比喻,却道出其中的真谛。问题在于,怎样才能夯实基层、打牢基础呢?习近平总书记着眼于进

---

* 本文是为张金豹《基层党建新境界》一书写的序言,党建读物出版社 2015 年出版。

行具有许多新的历史特点的伟大斗争,着眼于巩固党的执政基础实现党的历史使命,着眼于实现中华民族伟大复兴的中国梦,把抓基层打基础提高到一个崭新的高度,为新形势下加强基层党建工作指明了方向。接下来的任务是,如何把这个要求落到基层、落到实处,使之真正落地生根,落地见效。做到这一点,需要认识上清醒,行动上自觉,需要从大局着眼,从实处入手。《基层党建新境界》比较好地体现了这个特点。作者没有简单地从理论到理论,没有在解读阐释的层面打转转,没有坐而论道空对空,而是紧密联系实际,坚持问题导向,立足于用科学理论解决现实问题,既讲认识又讲方法,既讲怎么看又讲怎么办,从而较好地实现了理论与实际的结合,增强了适用性、实践性和可操作性。

撮其大者,在于站位高。所谓站位高,就是从党和国家民族前途命运的角度,来看待、定位和落实基层党建工作。比如,为什么说抓基层打基础是长远之计和固本之举,因为党领导人民为实现中华民族伟大复兴的中国梦而奋斗,从根本上来说,要靠500多万个基层党组织的战斗堡垒作用和9500多万党员的先锋模范作用。更重要的是,必须充分认识其艰巨性、复杂性和长期性。又如,基层党组织的政治功能本来是不言而喻的,但近些年来,一些地方和单位对这个问题强调得少了,讲起来也不那么理直气壮了,以为基层党组织只搞好服务就行了。这就需要说清楚为什么要旗帜鲜明地强化政治功能,以及政治功能同服务功能之间的辩证关系。再如,怎样理解抓好党建是最大的政绩这个寓意深刻的论断?怎样做到思想建党和制度治党紧密结合?怎样树立大抓基层的鲜明导向？怎样落实从严管党治党责任？这些，书中根据习近平总书记的重要论述，都列有专题分析。站位高还有一层意思，就是对基层党建工作自身的全局要胸中有数，对基层党建工作的规律要自觉探索。书中收入的17篇文章，论列方方面面，即已说明情况之熟。如果只熟悉和罗列情况，而不在此基础上自觉触摸和探索新形势下党建工作的规律，依然可以说不足。可喜的是，作者在这方面做了很大努力，下了很大功夫，特别是在如何做到眼睛向下、重心下移，使基层党建工作落地生根这样一些问题上，多有规律性的探讨。把学习贯彻习近平总书记关于基层党建的重要论述精神与推动工作结合起来，把提升从严管党治党的主观认识与深入触摸新形势下基层党建客观规律结合起来，是本书的一大特色和亮点。

撮其实者，在于针对性强。谈论基层党建，做到有针对性，须上接"天线"，下接"地气"，这样才有比较宽的说话天地，比较实的说话风格。阐述习近平总书记关于基层党建的重要论述精神，既不荒腔走板，故作高深，也非咬文嚼字，从文件到文件。更重要的是，不能回避新形势下基层党建工作中存在的问题和困难，还要探讨解决问题的思路方法。书中每篇文章谈一个话题，均指向当前基层党建的实际。诸如基层党组织建设长期存在的"好的是点，差的是面"的问题，一些基层党组织软弱涣散，党员教育管理失之于松、失之于软，基层党组织生活流于形式，甚至出现庸俗化娱乐化倾向，等等。在谈到党的组织和工作覆盖有不少空白点的问题时，作者还提出一些联合党组织存在联而不合、合而不活的现象,在组织关系上出现支部领导党委这种"小马拉大车"的问题,还讲到前些年解决基层组织和基层干部报酬问题花了不少力气,但又冒出来支部书记"空岗化"、活动场所"空置化"的问题,拿了工资不办事,有了场所不活动。凡此种种,不光指出问题,更在于分析出现这些问题的原因。从客观上讲,与党员队伍结构的变化、流动性广泛、思想日趋复杂等有关。从主观上讲,与基层党建的思路、规律、方法、抓手需要进一步探索、明确和有力有关。有了这些分析,探讨解决这些问题的思路、出路和办法、措施,作者的话语和议论落点,自然就实了起来。

总之,做好基层党建这篇既大且实的文章,需要上上下下互动用劲,需要各个方面协同努力。

百年故事多　三个关键词

中国共产党成立100周年了。

应该怎样回望中国共产党一路走来的风雨行程？怎样理解中国共产党一个世纪的奋斗主题？

大概有三个关键词，需要着重去体会。这三个关键词，分别是复兴梦想、中国道路、初心使命。

复兴梦想，就是实现中华民族伟大复兴的中国梦；中国道路，就是中国特色社会主义道路；初心使命，就是为中国人民谋幸福，为中华民族谋复兴。

这三个关键词，一个是目标使命，一个是途径方式，一个是精神状态。它们共同构成了中国共产党100年故事的基本线索。

有两个特殊的地方，分别揭示出这三个关键词的内涵。

第一个地方，是位于北京天安门广场的中国国家博物馆。按照"左祖右社"的传统建筑规制，国家博物馆和人民大会堂左右对望。左边是历史，右边是现实；左边记载一路走来的故事，右边擘画走向未来的憧憬。

2012年11月29日,党的十八大在人民大会堂闭幕刚刚半个月,习近平总书记便带领新一届中央领导集体来到国家博物馆,参观在这里陈列的《复兴之路》展览。这个展览陈列的内容,是近代170多年来中国人民的奋斗历程。

驻足凝望一幅幅历史画卷,习近平总书记抚今追昔,感慨万千,随即为近代中国人民的奋斗,添上画龙点睛的一笔。习近平总书记指出:"我以为,实现中华民族伟大复兴,就是中华民族近代以来最伟大的梦想。这个梦想,凝聚了几代中国人的夙愿,体现了中华民族和中国人民的整体利益,是每一个中华儿女的共同期盼。"中国人民经过长期探索,"终于找到了实现中华民族伟大复兴的正确道路,取得了举世瞩目的成果。这条道路就是中国特色社会主义"。

在近代中国一路走来的场景中,"梦想"与"道路"这两个关键词,跃然而出。

第二个地方,是位于上海市兴业路76号的那座石库门建筑,以及由此往西南方向不到100公里的嘉兴南湖上的红船。一个世纪前,中国共产党第一次全国代表大会在上海的石库门房子里召开,在嘉兴的红船上完成最后议程。在高楼林立的繁华大都市,石库门建筑显得庄严肃穆;在湖水浪花的拍打下,红船总像是在蓄势远航。

2017年10月31日,党的十九大闭幕仅一周,新一届中央领导集体专程从北京赴上海和浙江,先后瞻仰中共一大会址和嘉兴南湖红船。

在中国共产党的出发地,他们回顾建党历史,重温入党誓词,宣示政治信念。习近平总书记指出,一大会址是中国共产党的"产房",红船是我们党的"母亲船","上海党的一大会址、嘉兴南湖红船是我们党梦想起航的地方。""我们走得再远都不能忘记来时的路"。

"来时的路",是怎样一条路?新一届中央领导集体瞻仰中共一大旧址时,驻足观看了一部题为《追梦》的电视短片,该片浓缩了中国共产党将近一个世纪波澜壮阔的奋斗历程。习近平总书记说:"唯有不忘初心,方可告慰历史、告慰先辈,方可赢得民心、赢得时代,方可善作善成、一往无前。"

在中国共产党一路走来的场景中,"梦想""道路""初心"这三个关键词,同时跃然而出。

《为了初心和使命》这本书,所要讲的,就是中国共产党怀揣什么"梦想"、通过什么"道路"、以什么样的精神状态,走过一百年的故事。

百年大党与复兴梦想

实现中国梦是一个波澜壮阔的历史过程。风雨兼程一百年,今天,我们比历史上任何时期都更接近、更有信心和能力实现中华民族伟大复兴的目标。《为了初心和使命》这本书所述中国共产党在将近一个世纪奋斗中遭遇的重大事件,做出的重大选择,创造的重大成就,力求展示从"梦想起航"到"接近目标"的具体过程。每一章都与实现民族复兴息息相关。在一些篇章里,作者还对中国共产党的奋斗与中国梦的关系有意识地作了联系。例如,第三章中把毛泽东同志在中国革命艰苦岁月对革命未来如"看得见桅杆的一轮航船"的畅想,与同时期知识界关于未来中国梦想的征文一事对照起来叙述,即是一例。

百年大党与中国道路

许多问题,只要回头看走过的路、比较别人的路、远眺前行的路,弄清楚我们从哪儿来、往哪去,就会看得更深、把得更准。要实现中国梦,必须走中国道路。

中国共产党领导人民的奋斗历程,经历了革命、建设和改革三个重要历史时期。无论搞革命,搞建设,搞改革,道路问题都是最根本的问题。道路决定命运,走什么样的道路决定着中国梦的前进方向和实现途径,最终决定着中华民族伟大复兴能否迎来光明前景。

中国共产党在各个时期做的最主要事情,就是寻路、定路、拓路。在革命年代,寻找、确立和拓展的是中国新民主主义革命道路;在建设时期,艰辛探索的是中国社会主义革命和建设道路;在改革时期,开拓、坚持和发展的是中国特色社会主义这条实现中国梦的必由之路。正是在这些路上,担当领导中华民族实现伟大复兴历史使命的中国共产党人,带领人民创造一个又一个奇迹的。经过长期努力，中国特色社会主义进入了新时代，中国道路由此展开了新篇章。

从"产房"到"母亲船"，从石库门到天安门，从井冈山上的"羊肠小道"，到今天铺满四面八方的"中国道路"，从"长征路"到"新时代长征路"，中国共产党走的是一条"百年复兴路"。

百年大党与不忘初心、牢记使命

中国道路不是轻轻松松走出来的，它是靠一代又一代中国共产党人带领人民艰苦奋斗的根本成果。中华民族伟大复兴，也绝不是轻轻松松、敲锣打鼓就能实现的。中国共产党人必须始终如一地"不忘初心、牢记使命"，准备付出更艰巨的努力，才能在中国道路上续写出新的篇章，才能越来越接近梦寐以求的中华民族伟大复兴。初心使命是什么？就是为中国人民谋幸福，为中华民族谋复兴。这个初心和使命是激励中国共产党人不断前进的根本动力。回望中国共产党人的来路，四处耸立的奇观，展示着中国共产党一路走来的初心和使命，凝聚着共产党人前赴后继的奋斗和光荣。

"不忘初心、牢记使命"，在奋斗实践中体现为中国共产党的精神和中国精神。中国共产党在筑梦路上不仅带领人民创造了各种各样的传奇故事，在不同时期还创造和积累了一系列彰显政党性质、反映民族精神、体现时代要求、凝聚各方力量的伟大精神，并构成了中国共产党人精神谱系。本书便涉及红船精神、井冈山精神、长征精神、延安精神、西柏坡精神、抗美援朝精神、"两弹一星"精神、特区精神、奥运精神、载人航天精神、劳模精神，等等。中国共产党的寻路筑梦之旅，是靠着这些精神支撑前行的。中国共产党人精神谱系，事实上也是中国道路上的精神谱系，中国共产党是中国道路上的精神谱系的奠基者、实践者和开拓者。

这样一来，寻路、筑梦、守魂，便互为一体了。

这样一来，讲好中国故事，和讲好中国共产党的故事，讲好中国共产党不忘初心、牢记使命的故事，讲好中国道路的故事，讲好中国梦的故事，便互为一体了。所谓"讲好"，就是每写一个重大事件，既见事，又见人、见精神。

百年故事多，不只在丰富，更"多"在上面三个关键词揭示的立体而深厚的历史底蕴。

读懂中国的改革进程

很高兴在中国改革开放 30 周年的时候,来日本同各界朋友进行学术交流,分享中国 30 年来改革开放的一些经验和体会。

中国打开对外开放的大门是不容易的。1978 年 11 月,当时美国总统卡特的特使到北京访问,谈建交的事情。邓小平同志提出能够多派留学生到美国留学,所谓多派,也就是几十个。这个特使不好回答,谈话结束是下午三点,他拿起电话就直接打到美国,正好是美国凌晨三点。卡特一接电话,就问是不是谈判出问题了。他说不是,是小平先生给我出了一个难题,今年想多派一些留学生到美国行不行,我说这个事情只有总统能够决定。卡特问中国要派多少,特使回答派几十个。卡特笑了,说你回答小平先生,别说几十个,一百个,二百个,一万个,我们都欢迎。现在,中国出国留学的人,已经几十万上百万了。这从一个侧面说明,中国的改革开放,是在什么样的情况下起步的。

从 1976 年到 1978 年,我们的正史称之为"在徘徊中前进"。

为什么叫"徘徊"？因为当时中国向何处去有三种选择，或者说有三种可能：一是继续按照"文化大革命"的路子走下去，坚持无产阶级专政下继续革命。这个概念我们今天很陌生了，当时一些受极左思潮影响的人，尽管人数不多，确实这样想的，他们内心里面不愿从根本上否定"文化大革命"。二是说"文化大革命"不好，"文化大革命"前的路子还不错，那就回到1949年到1966年的路子上去吧。这个想法，看起来有些顺理成章。三是认为，"文化大革命"和"文化大革命"之前的路都不能走，还是西方的好，当时有人甚至要让美国总统卡特来介入中国的"人权"，按西方的那一套治理中国，这就是走"全盘西化"的路。想来想去，当时就是这三种选择，三种可能，而且都是现成的路，跟在后面亦步亦趋就行。

但中国的创造性让世人大吃一惊。三种现成的路，都没有成为我们的选择。从1978年开始，中国走出一条新路。既彻底否定"文化大革命"，又适当地恢复"文化大革命"前的一些好传统，坚持中国社会主义革命和建设时期确立的基本制度和好的做法，但又不是回到新中国成立后的那17年，更没有按照西方的模式来改变中国。我们走的这条新路，就是以经济建设为中心，坚持改革开放、坚持四项基本原则，简言之，这条道路的名称，叫中国特色社会主义。这条新路的内涵，发展到今天，就更丰富了。

这条路是在改革开放的实践中逐步探索出来的。研究历史的人都知道，一个国家和民族，在改变自己命运的道路上，做开创性的事情，往前走，心里开始并不是成竹在胸，走任何一步都可能有不同意见，自己心里也难说有底，因而显得小心。袁庚是当时中国驻香港招商局常务副董事长，他率先向中央提出，要在深圳蛇口办一个出口加工区，需要一些土地。报告打上去了，主管经济的李先念副总理找他谈，指着地图说，宝安（当时叫宝安不叫深圳，深圳只是个渔村）这儿有一个小半岛，恐怕有二十来平方公里，把这个半岛给你们搞蛇口工业区，行不行？袁庚是中国改革开放第一个"吃螃蟹"的人，他看了都吓一跳，说，我不敢要，我就要2.5平方公里。袁庚后来谈到这个细节，非常后悔，他说，我第一个提出来要搞出口加工区，上边给我整个半岛，我不敢要，只要了半岛的尖尖2.5平方公里。就是因为他只要了这个尖尖，所以蛇口工业区后来实际上被深圳经济特区给吞并了。你看，第一次"吃螃蟹"的时候，人们的思想障碍有多大。

中国的改革开放30年了，回过头来看，有哪些经验和体会呢？

第一个经验：国家的政治稳定，政策连贯，目标不变

这么大一个国家，过去搞的高度集中的计划经济体制不行了，要走出一条新路，实际上可能各有各的想法。在这种情况下，如果政治不稳定，社会不稳定，变来变去，肯定是什么事也干不成。维系稳定和连续的是什么？就是中国共产党在社会主义初级阶段的基本路线。邓小平同志讲，我们要把经济建设

放在中心位置，坚持四项基本原则，坚持改革开放的基本路线，要"扭"住不放。他用了一个"扭"字，为什么不说"抓"住？"抓"和"扭"在汉语里边虽然都是动词，但分量不一样。"抓"虽然比"拿"更稳更实一些，但毕竟有个抓得紧不紧的问题。"扭"的意思不仅是抓住，还要往手心使劲一攥，就像在街上抓小偷，把衣领抓住了，还要扭一下，他就跑不了了。中国共产党的基本路线不跑掉，不松动，不改变，始终坚持，才可能使改革开放政策连续地实行下去。所以，在中国有一句经常说的话，叫"不断地""深化"改革，"扩大"开放。

笔者2006年到阿根廷访问，同该国一位前经济部长谈话时，他说了一句非常诚恳的话，说我们就羡慕中国一点，你们中国的执政党比较稳定，对中国的发展、对政策的调整，包括你们要搞的改革和未来，都有一个清楚的认识和一以贯之的执行力。的确，中国共产党是长期执政的党，所以要为国家和民族的长远负责，制订计划，制定政策，推进改革，总是有一个长远目标，不搞翻烧饼的运作。

第二个经验：走自己的路

中国搞改革开放，搞现代化，国内的人开出的药方很多，国外的人，包括国外政治家、学者，出的主意也很多。最终怎么判断，怎么选择，一定要结合中国的实际情况。中国的实际情况是，人口多，底子薄，生产力不发达，科学技术更有差距。再就是中国有自己的历史文化传统，有自己的根本制度基础。还有，中国地区差别太大，沿海的自然条件和内地不同，东部和西部，南方和北方，城市和乡村，各有各的利益诉求。中国选择的改革，制定的政策，要往前走的道路，只能根据中国的实际情况来决定。无论什么药方来了，都要盘算一下在今天的中国行不行，合适的就用，并让它中国化、民族化。说到底，就是实事求是，走自己的路。

外国有媒体说，中国有保守派，有自由派，邓小平是属于保守派还是属于自由派？你看邓小平同志怎么回答？他说，不愿改革的人认为我是自由派，要搞资产阶级自由化的人认为我是保守派。我告诉你，我哪派都不是，我是实事求是派。实事求是，走中国自己的路，这一点在任何时候都不能够动摇。一旦你走西方的路，一旦你回到老路，或者照搬传统的或西方的教条，都走不通。邓小平同志把中国这个路概括为"中国特色社会主义道路"。

中国特色社会主义道路不是虚的。很多人都提一个问题，为什么要搞社会主义？比如，说我们的市场经济体制为什么叫社会主义市场经济体制？撒切尔夫人到中国访问，见到江泽民同志就问，你们的市场经济就是市场经济，难道还有资本主义市场经济，社会主义市场经济？江泽民同志说，这就是我们的创造所在。市场经济，中国共产党不把它看成决定社会性质的东西，而是我们解决发展问题的手段、途径、方法。后来他又讲，我们在市场经济前面加"社会主义"，不是画蛇添足，而是"画龙点睛"。还有，市场经济，归根到底是法制经济，没有法制，市场经济搞不成。总之，没有中央政府的宏观调控和政策引导，没有法制的逐步完善，搞建立在私有制基础上的市场经济，今天中国遇到的问题，不知道要比现在多多少倍。

当然，走自己的路，和注重吸收一切国家的长处并不矛盾。这一点，中国改革开放过程中跟日本的交流很明显。日本现代化过程当中所遭遇到的问题，对我们是一个提醒，所积累的好经验，我们也吸收。双方贸易方面的密切，就更不用说了。20世纪80年代，中国家庭如果使用的是东芝、日立牌的电视机，是件很幸福的事情。还有日产、丰田的汽车，在中国的市场很大。

30年来，我们不断地开放，先是四个经济特区，然后是沿海14个城市，接着是沿海、沿边、沿江开放，形成全方位、多层次的开放格局。加入世贸组织以后，现代经济的核心金融业也开放了。开放的过程，在相当程度上就是吸收国外发展经验的过程。今年，美国人的金融创新玩砸了，对我们也是提醒。我们要吸取他们的教训，关键是要对金融管理、金融产品的创新，实行更科学、更严厉的监管。美国就是监管缺位了，银行家们搞一些在自己内部循环的很美丽的计算公式，只有少数人看得懂，靠这个来推销他们的所谓金融创新产品。

第三个经验：循序渐进，不同发展阶段解决不同的问题

走中国特色社会主义道路一以贯之，但解决不同阶段的问题

又有灵活性。改革开放有基本方向，就是建立和完善社会主义市场经济体制，进而完善和发展中国特色社会主义制度，但总是根据现实需要和实际情况，一步一步探索着往前走，不能毕其功于一役。比如说，中央提出沿海实行开放政策的时候，内地、西部地区难免有所疑问，特殊政策、灵活措施为什么不给我们？当时邓小平同志讲，沿海面向海外，华侨也多，像广东、福建有条件吸收外资，吸收外国的先进管理经验，就要让他们先走一步，先发展起来，这是个大局，内地的人要服从这个大局。到了1988年，邓小平同志又讲，还有另外一个大局，沿海发展起来后，有一两亿人的生活富裕起来了，那么已经发展起来的沿海地区，就要拿出更多的财力和物力支援、支持内地，支持西部地区，并说，这也是个大局。所以中国理论界把邓小平同志的这个思路，概括为"两个大局"思想。

　　与此相应，邓小平同志1978年提出一个口号，让一部分人先富起来。有人难免有疑问，搞社会主义不是要大伙共同富裕吗？为什么说让一部分人先富起来？我体会，这也是一种循序渐进的政策。1978年，人们的生活水平普遍比较低，生产力不发达，生产效率也不高，当时的主要矛盾是打破传统的平均主义，打破大锅饭，提高劳动生产率，这就需要倡导一部分人勤劳工作，多劳多得。到了20世纪90年代，主要矛盾逐渐发生变化。1993年邓小平同志和他弟弟邓垦谈话时说，发展起来以后的问题不比不发展时少。这说明，解决发展起来后遇到的问题，比解决没有发展时遇到的问题还要多，还要难。难在哪里？因为平均主义逐渐退出需要解决的主要矛盾了,平安保险的老总一年年薪6000万元,和一般员工收入差距就太大,在这种情况下,解决收入差别过大,就成为当务之急。这是今天中国的改革发展所遇到的主要矛盾,也是进入新世纪以后,改革发展重点要解决的问题。过去讲"效率优先、兼顾公平",中国共产党十七大报告明确提出,初次分配和再分配都要处理好效率和公平的关系,要更加注重公平。这就是不同阶段处理不同的问题。

中国太大,制定一个政策,不知道从哪一个角度就能冒出一个相反的效果。治理这么大的国家,确实不容易,处理什么事情都要拿捏好火候分寸,这是政治智慧。哪个地方冒头了,影响到大局了,就得把它按下去。如果这边按下去,那边又起来了,甚至影响到大局了,依然坚决地按下去。中国的改革开放,就是这样深化和扩大的,就是这样前进的。

中国的发展是什么样的发展

2010年9月3日，笔者出访意大利，参加意大利民主党节中欧关系研讨会，下面为演讲全文。

我谨代表中国共产党对意大利民主党节的成功举办表示热烈祝贺，也很高兴与大家一起探讨中欧关系的发展前景。

中国共产党的创始人之一毛泽东同志说过："如果要看前途，一定要看历史。"思考中欧关系的前景，应该联系中欧关系的历史。我想起读中学时，历史教科书里提到的几位欧洲人。一位是马可·波罗，这位意大利旅行家于1275年来到中国，在中国生活16年之久，回国后写成著名的《马可·波罗游记》，成为当时欧洲人了解中国的主要信息来源。还有一位是利玛窦，这位意大利传教士于1582年来到中国，28年后病逝并安葬在北京。他传播的科技知识和哲学文化，对当时中国人认识西方文明产生了重要影响。他还首次将中国的儒家文化经典翻译成拉丁文。17世纪至18世纪初，大量中国文化典籍被翻译介绍到西方，激发了欧洲学者对中国特别是中国文化的研究、想象和描述。中欧之间在历史上的互相注视和沟通，使中欧文明交流在后来的发展中，彼此并不显得陌生。

到了近代，中国慢慢落后了。一大批先进的中国知识分子把目光投向欧洲。毛泽东同志在年轻时曾经对欧洲历史文化、思想制度非常感兴趣，他很推崇19世纪意大利民族统一运动的先驱加里波第将军，认为当时的中国社会需要有这样的英雄人物。中国共产党的其他老一代领导人周恩来、朱德、陈毅、邓小平等，年轻时都曾来到欧洲，寻求强国富民之道。20世纪上半叶，中国人民和欧洲人民都曾饱受战争之苦，在第二次世界大战后，都成为维护世界和平、促进共同发展的重要力量。20世纪六七十年代，中国先后与西欧各主要国家建立外交关系。早在1975年，中国与欧洲经济共同体就正式建立了联系，由此揭开了中欧交往的崭新一页。

1978年，邓小平同志倡导的中国改革开放，为中欧关系的发展开辟了广阔前景，中欧交流与合作逐步扩大。20世纪90年代后，中国的改革开放不断走向深入，欧洲的一体化进程也不断推进，为中欧交流合作提供了新的动力。江泽民同志十分重视发展中欧全面伙伴关系，他本人和同时期欧洲国家和欧盟主要领导人结下了深厚友谊。进入新世纪以来，以胡锦涛同志为首的中国新一届领导人，继续重视并不断推进中欧关系。在中欧双方共同努力下，中欧建立了全面战略伙伴关系，中欧合作的政治基础日益稳固，经贸关系日益密切，合作内涵日益丰富。欧盟已经成为中国的第一大贸易伙伴、第一大出口市场、第一大技术引进来源地、第二大进口市场和第三大外资来源地。

以上我谈的是历史。历史表明，发展中欧关系是中国几代领导人和中国人民的战略选择，从来不是权宜之计。中国是最大的发展中国家，欧洲是发达国家最集中的地区，同为世界上的重要力量。发展中欧关系不管是对中国和欧洲本身，还是对整个世界，都很重要。所以我觉得中欧关系的前景应该是光明的，我们的期望是，让中欧关系成为不同社会制度、不同发展道路的国家之间、国家与地区之间合作双赢、共同发展的典范。

合作的前提是增进相互了解。中欧双方需要进一步在互尊互信、平等相待的前提下进行交流和沟通。近年来，国际社会对中国的发展道路给予很高的关注，有人概括为"北京共识"，有人称之为"中国模式"，而我更愿意概括为"中国发展道路"。在这里，我愿意就中国发展的特点，提供几点思考和大家交流。

中国的发展是对世界的重要贡献，也给世界带来新的机遇。中国的国土面积和整个欧洲差不多，人口有13亿多，占世界总人口的1/5左右。让13亿多人口能够有尊严地生活，这是中国政府的责任，也是中国对世界的最大贡献。同时，一个13亿多人口的市场，潜力是很大的，每人多消费1欧元加起来就是13亿欧元，因此中国的逐步发展将会为世界带来新的发展机遇。

中国的发展是坚持自力更生与借鉴国际有益经验相结合的发展。中国这么多人，要发展依靠别人是不可能的，只能靠自身的努力。同时，中国的发展离不开世界，我们也非常注重借鉴国际上的有益经验。世界的发展是丰富多彩的,不可能只有一个模式,一种路子;别国的经验可以借鉴,但一般说来,很难照搬。中国过去在这方面有过教训,所以今天我们很强调探索适合自己特点的发展道路,这样,即使出了问题,也容易纠正。

中国的发展是和平的发展。中国近代以来,通过几代人的努力才实现了独立、和平和自由。中国人和欧洲人一样,很注意总结自己历史上的经验教训,因此都特别珍惜来之不易的和平发展的环境。中国的追求是,既要利用和平的国际环境来发展自己,更要通过自己的发展为世界的和平发展作出更多的贡献。中国传统的价值观讲"和",这也是今天中国社会的基本信念。有人宣扬"中国威胁论",是没有根据的,也是没有道理的。

中国的发展已经取得巨大成就,但也面临新的困难和问题。2010年第二季度,中国经济总量首次超过日本,这从一个侧面反映了中国的进步,但中国人并不把它看成特别值得夸耀的事。因为日本只有大约1.27亿人口,而中国有13亿多,是日本的10倍多。换言之,日本一个人创造的经济价值超过中国10个人创造的价值。这很清楚地表明,我们的总体发展水平还很低。同时,中国的发展很不平衡,朋友们如果来到中国,很容易发现一些奇怪的现象。比如,我们在浙江省造了一条长达36公里的跨海大桥,是世界上最长的跨海大桥,总投资118亿元人民币;同样是在中国,云南省泸水市的一个村镇,当地村民只能通过手抓滑索,悬空飘过一条江才能到达对岸。在这条江上建一座桥需要多少钱呢?只要45万元人民币,但当地财政确实拿不出这点钱。

这就是发展的不平衡。从经济发展质量上来说，中国落后于日本和欧洲的情况也是明显的。这表现在科技和自主创新能力不强，发展方式还很粗放，在资源、能源、环境等各方面压力很大。所以，无论从哪个角度讲，中国仍然是一个发展中国家，要走的路还很长，发展面临的难题还很多。

中国的发展是负责任的发展。 2008年在北京举行的奥运会上的主题歌，有一句歌词，"你和我，同住地球村"。中国把世界比作你中有我、我中有你的村庄。在这个村庄里，每户人家就相当于一个国家。每一个国家都应在"村庄"的公共事务中承担相应的义务和责任。中国作为发展中大国，在国际事务中始终采取积极、负责任的态度。例如，在国际防恐反恐和救灾减灾方面，在应对金融危机和气候变化方面，在改进和完善全球治理体系方面，在这些全球性问题上，中国不仅和欧洲有广泛共识，而且都尽了最大努力去落实这些共识。2009年年初，中国制订和实施了十大重点产业调整和振兴规划，今天，你只要打开中国的报纸杂志，总能看到一些关于描述绿色经济、循环经济、低碳经济具体做法的文章。我在这里要特别强调的是，中国非常愿意与欧盟加强在新能源、节能环保、绿色经济等领域的合作。

朋友们，以上五个观点可供欧洲朋友们在了解中国时作参考。这几年中欧关系的情况再次证明，双方的共同利益越来越紧密，越来越具体，越来越广泛。在应对国际金融危机的过程中，中欧密切合作，为促进世界经济复苏作出了积极贡献。早在17世纪末，德国哲学家莱布尼茨就曾在《中国近事》中提出，"相隔遥远的民族，相互之间应建立一种交流认识的新型关系"，"交流各自的才能，共同点燃我们的智慧之光"。中国和欧洲都有自己的悠久历史和灿烂文化，在今天，我们更需要建立新型交流关系，共同点燃智慧之光，为处理全球性问题，贡献更多的努力！

从全球趋势看中国的发展

新世纪第一个十年即将过去,在过去的十年里,世界上发生了很多大事,从中可看出一些全球发展趋势的特点。

比如,《联合国千年宣言》的通过、上海合作组织的成立、非洲联盟的成立、欧盟《里斯本条约》的签署、南美洲国家联盟的成立,等等。这些事件表明,冷战结束后,世界多极化趋势在进一步发展,经济全球化和区域经济一体化的水平和程度在不断提高。

又如,近年来高致病性禽流感在全球肆虐,国际金融危机的爆发,南北发展差距进一步扩大,尤其是资源能源的紧缺、生态环境恶化和气候变化,已经成为无法回避的难题。这些表明,整个世界在发展过程中面临着越来越多的新的全球性挑战。

再如,经济全球化趋势已经不可逆转地把不同国家空前紧密地联系在一起。全球化既是一个"放大镜",又是一把"双刃剑",它同时将正面和负面效应放大到极致。一方面,全球化推动了资本等生产要素在全世界的流动，促进了生产力的发展；另一方面，全球化也加剧了世界经济结构和经济体系的失衡。

正是在这样的背景下，欧洲提出了全球治理的话题。要有效地推动全球治理，不同国家树立合作共赢、平和包容的心态是必要的，也就是说，每个国家既要从全球发展趋势中寻求机遇，也要在全球视野中审视自己的发展道路。

下面，结合全球发展趋势的一些特点，谈谈中国的发展问题。我想，这应该是深入了解全球发展趋势不可回避的话题。

从中国的发展历程看，中国既主动适应全球发展趋势，又立足于自身的国情，来探索自己的发展道路

1978年以来，中国是立足于两个基本判断来设计发展道路的：一是和平与发展已成为当今世界的主题，二是中国的发展离不开世界。可以说，三十多年来中国的发展，始终是在同全球发展趋势的互动中向前推进的。

从20世纪80年代后期开始，在中国关于如何发展的理论研究，逐渐成为一个热点话题。这期间，很多西方发展理论被翻译介绍到中国，中国确实从中汲取了不少有益的启示。但这些理论并不能完全解决中国发展中碰到的问题和矛盾。因此，中国的选择必然是，既要融入全球发展趋势当中，又必须靠自己的探索来解决如何发展的难题。例如，中国提出经济改革的目标是建立社会主义市场经济体制，这使不少国际人士感到意外甚至怀疑。美

国前国务卿基辛格就说，把社会主义和市场经济结合起来，如果搞成功，那将会给资本主义和社会主义共同提出一个哲学命题。我们不能说现在我们已经很好地回答了这道"哲学"难题，但中国的经济体制确实为中国的发展提供了强大动力，目前还在不断地完善当中。

从中国的发展现状看，中国目前面临的挑战，既有和全球性挑战相一致的内容，又有自己面临的特殊挑战

邓小平同志晚年在谈到中国的发展问题时说过："过去我们讲先发展起来。现在看，发展起来以后的问题不比不发展时少。"这些话主要讲中国国内的问题"不比不发展时少"，但笔者以为，这个判断同样适用于中国在国际上遇到的情况。中国逐步发展起来以后，在国际上遇到了越来越多的新问题、新挑战。这些新问题、新挑战，许多是和经济全球化趋势相生相伴的。例如，1997年的亚洲金融危机，我们还能够和那场危机擦肩而过，而2008年开始的国际金融危机，中国就无法置身事外。由此我们认识到，中国和世界的关系发生了深刻的历史性的变化，联系越来越紧密。在各种新形态的安全威胁、经济增长速度放缓、能源资源的瓶颈制约、生态环境恶化和气候变化，以及使更多的人免于贫困和疾病的威胁等问题上，世界面临的挑战，也是中国面临的挑战，中国面临的问题，也是世界面临的问题。

同时，我们需要立足于全球发展趋势，来了解中国在发展中遇到的特殊难题。这些特殊难题，是中国遇到的特殊挑战。比如，如何加快转变经济发展方式的问题，如何加快解决发展水平不均衡的问题；又如，按照中国自己的标准还有数以千万计的人口生活在贫困线下，如果按照联合国标准，中国贫困人口还有约1.5亿。总之，中国目前发展遇到的矛盾和难题，无论是规模还是解决难度，在当今世界都是罕见的。所以，我们很清醒地认识到，在全球发展趋势中，中国要注重解决自身面临的新问题。

从中国的发展前景看，解决全球发展趋势中的一些难题，既要有世界胸怀，又要有中国方式

中国的发展，是在追赶欧美发达国家的现代化。中国和其他新兴经济体国家的快速增长，已经促使世界经济格局发生了某些变化，二十国集团的出现便体现了这种变化趋势。正是这种变化趋势，使发达国家从全球治理的角度，对中国等新兴经济体国家提出这样或那样的要求。在这个问题上，中国具有充分的思想准备和宽广的世界胸怀。中国在不断适应和融入一系列国际规则的同时，现在和将来都会体现出积极参与的态度，并切实地担负起与发展中大国相适应的责任。

但是，中国也非常清醒地意识到，中国实现现代化，还有很长的路要走。中国的发展前景，也不可能向欧美发达国家全面看齐。将近14亿人口的中国决不会按国内生产总值（GDP）"人均

量"去追赶欧美发达国家。即使中国工业生产达到欧美发达国家的技术水平和能耗水平,中国人也不可能普遍重复发达国家当前和未来的生活方式。一个非常可以理解的对比是,中国如果选择美国式的生产方式和消费方式,将拥有10.3亿辆汽车,其中轿车7.62亿辆,其汽油消耗量将是现在全世界汽油总消耗量的1.49倍。如果真是这样,对地球、对人类,当然首先是对中国,都是一场灾难。这是我们对中国未来发展的基本预期。中国在未来发展中的一个巨大难题是,怎样让全社会成员普遍接受这种预期,并自觉地转变生产和生活方式。我们别无选择,只有以中国方式来解决自己的难题。

关于中国未来的发展前景,这里要引用哈佛大学教授约瑟夫·奈2010年5月5日在美国市场观察网站上发表的文章中的预测,他说,"中国的实力资源要赶上美国还有很长一段路要走,其发展也面临很多障碍。即使中国的GDP在2030年左右超过美国,但两个经济体可能规模相当,组成却不一样。中国仍将有广大落后的农村,并将开始面对独生子女政策的延迟效应所带来的人口问题。"这个预测角度,似乎是有一定道理的。所以,中国很重视发展,但并不单纯以国内生产总值(GDP)为目标来发展自己。我们强调的是全面发展,而且注重解决发展起来后面临的新问题。这是中国的大选择,也是中国的大自信。

中国共产党长期执政的经验

中国共产党成立 90 年了，是一个长期执政的党。要了解中国，必须首先了解中国共产党。要了解中国的发展经验，也要从了解中国共产党的执政经验开始。

要预测一个政党的未来，可以看它的现在；要了解一个政党的现在，可以看它的过去。中国共产党有怎样的过去？如果把中国共产党的历史放在国际上来比较，更容易看清楚它走过的路。

20 世纪 20 年代和中国共产党差不多同时成立的其他国家的共产党，有不少到今天还没有搞出像样的局面。有人作过统计，按共产党成立的先后顺序，中国共产党在世界共产党里排名第 34 位。到共产国际 1943 年解散为止，世界各国的共产党共成立 66 个。比中国共产党先成立的 33 个国家的共产党，如今基本处于三种情况：一种是曾经执政，但现在或者解散了，或者改名了，或者改了性质；二是党还存在，但力量大大缩小，基本上被边缘化，在本国政治舞台上起到的作用有限；三是分裂成几个党，如美国、英国、意大利都有两个共产党。

反观中国共产党，在革命时期虽然经过大革命失败和第五次反"围剿"失败两次大的挫折，但都绝地逢生，在奋斗28年后建立了新中国，成为执政党。到现在，中国共产党已经执政六十多年，执政期间也经历过曲折，犯过两次错误，一是"大跃进"，一是"文化大革命"。但通过改革开放，三十多年来，中国共产党又让中国取得举世瞩目的公认的发展进步，包括中国共产党、中国人民、中华民族的面貌，都发生了历史性变化。

中国共产党为什么有这么强的"韧"劲，这么厚实的克服困难的内生动力，这么大的自我更新的力量，这么活跃的前进动力？根本经验是什么？不同时期有不同的总结。从中国共产党庆祝建党90周年的一些活动来看，可以看出三条最基本的经验。

坚持科学理论的指导，不断推进马克思主义中国化，走自己的路

中国共产党认为，理论指导是一个政党发展壮大的"主心骨"，没有这个主心骨，就像一个人没有灵魂一样。中国共产党信仰马克思主义，这是中国共产党的主心骨，一刻也没有丢弃过；相反，有时候我们是教条主义地去信它、用它，犯了错误，通过总结经验教训，我们又认识到，真正信仰马克思主义的方式，是结合自己国家的情况，把它中国化，创造中国化的马克思主义理论。这样，我们就有了毛泽东思想和中国特色社会主义理论体

系。这是中国共产党得以不断前进、不断创造的"思想命根子"。

在马克思主义中国化的理论指导下，中国共产党在革命时期，走了一条国际上没有的农村包围城市的路；新中国成立后，中国走了一条国际上没有的社会主义革命和建设的路。这当中，社会主义改造的路，确立社会主义制度的路，走成功了。在探索社会主义建设的路子过程中，既取得了成绩，也出现了失误。1978年以后，我们又走了一条建设中国特色社会主义的独特道路。正是这条路，把中国引向今天的繁荣发展。可以说，探索和实践中国革命、建设、改革的道路，是中国共产党的"政治命根子"。

干事情的目的是为了群众，干什么事情都依靠群众，毛泽东同志说过"人民是上帝"

关于中国共产党和群众的关系，当时想消灭中国共产党的国民党也想学，他的领袖人物蒋介石在日记里问，为什么年轻人、妇女、工人跟着共产党走？为什么大学教授反对国民党？他甚至在1939年亲拟问卷，要国民党人回答"为什么国民党员不能深入群众做基层工作"等。在日记里，他曾经想把国民党改名为中国劳动国民党，入党人员须是农民或革命军人；他还准备用三年时间培养10万干部，每个干部必须下乡三年；军队要给农民种地，还说知识分子要和工农相结合。1945年在延安召开党的七大，通过新的《中国共产党章程》。蒋介石关注到了，他把其中两段完整地抄在日记里,一是"党员与群众",一是"上级与下级"。他认为这两段写得太好了,"读了得益匪浅,本党必须要奋起急追,否则消亡无日"。但是,国民党最终学不到,也干不成,这是由其政党的社会和阶级属性决定的。

中国共产党即使成了执政党,也总是把和群众的关系怎样作为能否成功的指标。远的不说,在2011年庆祝中国共产党成立90周年的时候,我们党提出的一个口号,就是"拜人民为师,把人民当亲人"。前者是依靠人民,问计于民,后者是执政为民,问需于民。中国共产党能够长期执政的力量、智慧和经验,就来自人民;长期执政的目的、要义和主题,是为了人民。

例如,我这次出访前,全国人民代表大会常务委员会通过了《关于修改〈中华人民共和国个人所得税法〉的决定》。起初,政府部门提出的修改方案是把起征点从2000元提到3000元,征求全民意见时,收到23万条建议。大多数人建议再提高起征点。这样全国人大常委会决定提高到3500元。这样一来,就有6000万工薪阶层不用缴纳个人所得税了。外国媒体说,这是中国共产党贴近民意分"幸福蛋糕"。

管理好、教育好、建设好党员干部队伍

中国共产党把党的建设作为伟大工程来抓,这样中国共产党才可能有创造力、凝聚力和战斗力。究竟是怎样抓这项伟大工程的,后面请我们代表团的党建专家来具体谈谈。

善于总结经验

中国共产党非常尊重和重视自己的历史经验和现实经验，这是一个鲜明的政治品格。中国共产党是一个善于总结经验并成功运用经验来推动事业发展的政党，是一个善于根据实践要求不断进行理论创新并运用新的理论来指导实践的政党。

关于中国共产党的执政经验，关于中国发展道路的经验，国际舆论有不同的说法，可以说，有一千种立场，就有一千种概括和总结。例如，有的西方学者就说"一党专政加市场经济"就是中国模式。我们不这样看。中国道路，说到底，就是不断总结经验教训，才开创和发展起来的。

具体说来，对于成功的事例，要进行分析归纳，找出现象背后本质的东西，找出成功的根本原因和经验；对于失败的事例，要进行反思和检讨，反省失败的原因，由此形成对失败的深刻认识，避免再犯这样的错误。中国革命、建设、改革，走的路，没有国际先例可循。为了找到一条正确的路，中国共产党总是不断地总结经验。

怎样总结呢？无非是邓小平同志说的四句话。他在1989年接见首都戒严部队军以上干部的讲话和1992年的南方谈话中，都说到总结经验的问题。前一篇里讲："要认真总结经验，对的要继续坚持，失误的要纠正，不足的要加点劲。"[①] 后一篇里讲：

[①]《邓小平文选》第三卷，人民出版社1993年版，第308页。

"每年领导层都要总结经验，对的就坚持，不对的赶快改，新问题出来抓紧解决。"① 这两次所谈，概括起来还是四句话："对的要继续坚持"、"不足的要加点劲"、"不对的赶快改"、"新问题出来抓紧解决"。

什么是"对的要继续坚持"。回顾改革历史进程，在一些关口处，人们常常要碰到一些疑问，即我们干的这一套，究竟对不对。这时候，能否把"对的"大政方针坚持下去，至关重要。比如，开始搞经济特区，一些人有所担心和疑虑在所难免。经过几年实践，邓小平同志1984年实地考察后题词确认："深圳的发展和经验证明，我们建立特区的政策是正确的。"又如，在1989年接见首都戒严部队军以上干部的讲话中，邓小平同志说他"最近总在想"，是不是因为发生了这次动乱，我们制定的路线、方针、政策的正确性就发生问题？他说对这个问题"必须作出明确、肯定的回答"，结论是我们没有错，要"坚定不移地干下去"。

什么是"不足的要加点劲"。所谓"不足"，是指某些具体政策和实践，从整体上和方向上看是正确的，但由于各种各样的原因，做得还不够好，不够充分和完善，或者没有具体落实。对这些情况，必须"加点劲"，也就是下定决心，在政策和实践上该完善的完善，该倾斜的就倾斜，该调整的就调整。例如，1980年11月，邓小平同志谈到对外开放的情况时说："对引进的项目、

---

① 《邓小平文选》第三卷，人民出版社1993年版，第372页。

技术缺乏了解，有很大的盲目性，这样很危险。当然，这个政策应该说是对的，今后还要继续，但要总结经验。"

还有一个明显例子。20世纪80年代强调落实知识分子政策，改善知识分子待遇，但效果不太理想。对这个"不足"，邓小平同志从1977年到1989年，在长达12年的时间里抓住不放，在各种场合三十多次催促各级领导干部"加点劲"去解决。一直到1989年3月，他还说，"这个问题我们始终没有解决好"。原因是有些领导干部"认识不足，缺乏紧迫感，或者口头上承认教育重要，到了解决实际问题时又变得不那么重要了"。"这个问题无论如何要解决。"正是这样反复要求"加把劲"，进入90年代以后，知识分子待遇问题，便逐渐不是社会的突出问题了。

什么是"不对的赶快改"。通常情况下，改正不对的政策和做法，比总结正确的经验要困难和痛苦一些，但也最能体现执政党的坦诚胸怀和政治勇气。对此，邓小平同志1983年6月有过提醒，他说："即使我们现在的路线、方针、政策都是正确的，今后也还会有失误，不可避免地还会犯错误。"例如，他在1989年3月就总结说："我们最大的失误是在教育方面，思想政治工作薄弱了，教育发展不够。我们经过冷静考虑，认为这方面的失误比通货膨胀等问题更大。"对改革本身，中国共产党十一届五中全会通过的《关于进一步治理整顿和深化改革的决定》，也指出："十一届三中全会以来，党中央、国务院在执行正确路线、方针、政策的过程中，对经济建设和改革开放的具体指导也有失误。""在建设和改革两方面都存在急于求成的偏向。"这个文件还举出具体事例来说明失误和偏向所在。正是这样敢于面对和改正不对，错误的经验就成为我们事业前进的精神财富。

什么是"新问题出来抓紧解决"。解决新问题是贯穿于30年改革开放进程最突出的做法。这方面的例子很多，我这里只讲一个问题。邓小平同志在改革开放之初提出让一部分人、一部分地区先富起来这个"大政策"，是为了破除妨碍生产力发展的平均主义分配方式，尽快地发展起来增加社会财富，以解决当时经济生活水平普遍低下这个主要矛盾。但是，到20世纪80年代末90年代初，他预感到在解决旧的矛盾以后，社会收入差距拉大甚至可能出现两极分化，又可能成为主要矛盾，于是提出："共同致富，我们从改革一开始就讲，将来总有一天要成为中心课题。""十二亿人怎样实现富裕，富裕起来以后财富怎样分配，这都是大问题。题目已经出来了，解决这个问题比解决发展起来的问题还困难。""过去我们讲先发展起来。现在看，发展起来以后的问题不比不发展时少。"因此，解决这样的新的"中心课题"，自然要抓紧而不能懈怠。

在这个问题上，我们在政策制定和实践探索中，经历了一个认识上不断深化的过程。党的十三大的提法是"在促进效率提高的前提下体现社会公平"；十四大及十四届三中全会上分别提出了"兼顾效率与公平""效率优先、兼顾公平"的分配原则；十六届六中全会强调收入分配"更加注重社会公平"；十七大的最新表述是，"初次分配和再分配都要处理好效率和公平的关系，再分配更加注重公平"。这样一来，建立和完善"更加注重公平"的收入分配机制，成为今天收入分配体制改革的基本内容。这些思想认识和政策思路，无疑是在逐步回答和探索解决邓小平同志提出的"富裕起来以后财富怎样分配"、发展起来以后怎么办，这样一些"大问题"。

总之，这"四句话"不仅具体地指明了什么叫总结经验，和总结经验的有效途径、基本方法，我们还可以把它放到更高的角度来认识——

这"四句话"，体现了中国共产党在领导革命、建设和改革的不同时期，贯彻实事求是思想路线的基本内容和途径。

这"四句话"，反映了中国共产党在以改革开放为鲜明主题的历史新时期具体的探索历程。

这"四句话"，揭示了中国共产党领导的中国特色社会主义事业过去、现在和未来的前进规律。

真理从来都是朴实的、简明的。真理也从来是容易遵行实践的。邓小平同志的这四句话，虽然简单，但可能比好多大书都管用。它是方法论，也是历史观，更是中国共产党的思想政治品格。当然，也是中国共产党长期执政的重要经验。

如何读懂中国的制度建设和社会治理

中国道路有实践、理论、制度和文化四种形态,其中,制度是刚性的,对实践运行、理论认识、文化生态都有相应的规范和约束。西方对中国道路的评价也会经常集中在制度层面。国家进步和兴盛的标志是一整套新制度的确立。经济社会的健康发展、国家外部影响力的扩大,大多属于内部制度的有效延伸。所以,我们认为,制度优势是一个国家的最大优势。

中国制度的成长进入"新阶段"

中国道路还在发展,其制度形态的改革和完善当然不会完结。中国制度的成熟和定型,没有固定的参照模式,随着时代和实践的需要不断完善。欧美主要国家的制度模式,也都经历长期的内生演进过程,才逐步定型。英国从1640年资产阶级革命,到1688年"光荣革命",才形成君主立宪制度。1620年,一百多名逃避宗教迫害的英国清教徒到达北美新大陆，签署的《五月花号公约》，被历史学家确认为美国历史上第一份政治性契约。美国从1775年独立战争开始，到1865年结束南北战争，它创建的不同于欧洲大陆的新型制度体系才稳定下来。在这以后，直到1965年，迫于马丁·路德·金领导的民权运动压力，美国才以立法的形式，结束美国黑人在选举权上受到的限制，结束黑人在公共设施方面遭遇到的种族隔离制度。

从中国制度的发展来看，2013年党的十八届三中全会，明确把完善和发展中国特色社会主义制度，推进国家治理体系和治理能力现代化，作为改革的总目标。我们过去讲得比较多的是经济、政治、社会、文化领域的具体改革目标，虽然也提到完善和发展中国特色社会主义制度，但多数情况下语焉不详。从国家制度和治理体系角度提出改革总目标，标志着中国制度的发展进入"后半程"。

只设定改革的总目标，还不行，需要把总目标涉及的"现代化"落实到各个领域。2019年党的十九届四中全会，提出中国共产党的领导制度、政治制度、经济制度、文化制度、社会制度、生态文明制度、军事制度、外交制度等13个方面在建设和改革中需要做的事情。"中国特色社会主义制度"是当代中国制度的总称。古今中外的国家治理实践，告诉人们一个常识，制度常常是法律文件所规范的程序和尺度，它必须通过相应的治理体系和治理能力才能转化为制度实践。如果只有国家制度体系，而没有完备的国家治理体系，不能形成高效的国家治理能力，国家制度体系就不能得到切实执行。

社会变迁折射中国制度与治理实践的关系

如何认识中国制度与治理实践的关系呢？

例如，过去实行高度集中的计划经济制度，体现在社会治理上，一个重要内容，就是严格实行户籍管理制度。怎样把这种制度落实到社会治理实践当中呢？主要就是把户口划分为两类：城镇户口（非农业户口）和农村户口（农业户口）。这样的户口管理制度，逐渐形成社会治理的"二元结构"，一边是城市，一边是乡村。

拥有城镇户口的就业人员，都由其单位来管理。人们从单位领取工资，并由单位负责分配住房。大一些的单位还设有为本单位职工服务的医院、学校、公安派出所等。在单位工作的人，相应地拥有干部、工人或教师等身份标识。

城镇居民，每家都有一个户口簿，结婚、迁移居住、购买日常生活用品等，都离不了它。城镇人口实行粮、油、肉等定量供应。每个居民每月有三十斤左右的粮票，根据职业、年龄和性别，有些差别，从事繁重体力劳动的多一点。如果出门办事，在本地区用地方粮票可进饭馆吃饭，跨地区则必须用全国通用粮票，粮票由此被老百姓称为"第二人民币"，光有钱没有粮票是不能吃上饭的，哪怕是国家领导人也不行。

在农村，社会治理和人们的生活，又是另一种样子。拥有农村户口的人，就是农民，属人民公社的社员。人们在公社下辖的生产队从事劳动，每天挣取相应的"工分"，到年终按工分总数，取得报酬。农民保留有少许的自留土地，可以种些粮食作物、蔬菜瓜果，或者养殖家禽，用作日常生活的补充。

这种城乡二元治理体系，是适应高度集中的计划经济管理制度建立起来的。改革开放后，随着社会主义市场经济体制的建立，大量农民到城市就业和生活，甚至买房居住，原来那种城乡二元治理体系开始动摇。

进入新时代以来，户籍制度改革力度越来越大。凭一张身份证，只要在城里办个暂住证或居住证，就可以在城市工作和生活。除北京、上海、广州、深圳等这些特大城市外，其他城市为了吸纳人才和劳动力，放宽了落户条件，有的城市甚至完全取消了限制，原属于农村户口的人迁往城市后，享受与城市原居民同等的工作和生活待遇。

由于在农村普遍建立起各种社会保障制度，现在有的地方出现了相反的情况，过去城镇户口很珍贵，现在农村户口更珍贵。在一些条件好的乡村，拥有农村户口的人并不愿意把自己的户口迁到城市，因为他舍不得自己的承包地和宅基地，那可是一笔不小的财富。

随着时代的进步，经济的发展，社会管理制度和治理体系的变化确实很大。中国提出社会治理体系和治理能力现代化，这个"现代化"，不像经济现代化那样有比较具体的衡量尺度。其含义，大体是通过娴熟稳妥的治理实践，把制度的优势和效能发挥出来，给人民创造更加公平正义的社会环境、创造更加平等自由的生存和发展空间。

在制度建设和社会治理上，中国共产党不是"口号党"，而是不断解决实际问题的"行动党"

为实现国家治理的现代化，我们还需要继续推进制度方面的建设和改革。中国从来不否认在制度和治理方面存在短板和弱项。就依法治国制度体系来说，中国已经是立法大国，从数量上讲，法律比法国、德国、日本都多，基本上解决了无法可依的问题。但是，在建立法治国家、法治政府和法治社会方面，我们还有很多制度性的安排需要补上。2021年开始施行的《民法典》，系统整合了长期实践形成的民事法律规范，是一部平等保护人们生命健康、财产安全、交易便利、人格尊严各方面权利的法律。它保障民事主体享有充分的自主权，但责任自负，是国家治理现代化的重要提升。

中国古代有个"徙木立信"的故事。战国时期商鞅在秦国变法，为了取信于民，派人在城里的闹市区竖立一根大木头，宣布谁能将这根木头搬到城门，赏赐十金。这对当时的普通老百姓来说是一笔巨款，因此没人相信，大家都不去搬那根木头。商鞅就把赏赐加到五十金。有人试着把木头搬到城门，果然获得五十金的报酬。兑现诺言后，老百姓开始相信政府的制度肯定会落实，商鞅变法由此在人们心中树立起威信。

现在，社会治理成本很大，一个重要原因是诚信制度不够完备。究其原因，有法不依、执法不严的情况还不少，一些同案不同判的现象时有发生。还有，在行政体制上，有的地方政府为发展经济，在招商引资时，做出一些可能超越法律许可范围的许诺。结果等投资来了，兑现不了，当地官员如果发生变动，新上任的官员不愿打理旧事，这对企业和当地政府都是一种伤害。显然，依法行政的制度，有的需要完善，有的需要严格执行。

在社会治理层面，有时候，老百姓为了办理某些事情，需要四处去开证明，甚至包括证明自己和父母的关系，让人哭笑不得。这类治理方式和治理水平，表明距离现代化的要求还有距离。针对存在的问题，以及老百姓新的、更高的需要，中国在"后半程"制度建设道路上并没有等待和犹豫，在许多方面已经大刀阔斧地做了起来。

例如，在监督制度方面，中共中央纪律检查委员会是党内机构，缺少国家法律赋予的行政权力，在监察工作中很难覆盖到非党员的公务员。为弥补这个缺陷，设立了国家监察委员会，同中央纪委合署办公。

在政府与企业的关系上，制度和治理体制改革的力度更大，措施也很具体。例如，从2013年设立上海自由贸易试验区开始，我们便采用了"负面清单"管理制度。凡是企业不能做的事情，均以清单方式列明，不在清单之列的便可以去做。一开始，有人觉得清单过长，限制过多。这以后，负面清单逐步"瘦身"，允许企业做的事情越来越多。外商投资准入的"负面清单"就减少了许多，外国企业和资本进入中国银行、证券、电网和铁路干线等限制将逐步取消。

与"负面清单"管理制度相适应的制度改革是政府的自我限权，晾晒自己的"权力清单"。不在权力清单中的事项，不需要政府审批，各行各业依据相关的法律法规，按市场经济规律去做就是了。这样一来，政府和企业的边界将越来越清晰，政府与企业的关系将越来越规范。

关于建立更加成熟和定型的制度体系，实现国家治理现代化，中央已经有相关的"时间表"规划。大体是到2035年，要建立起系统完备、科学规范、运行有效的制度体系。到2050年全面实现现代化时，要使中国特色社会主义制度更加巩固、优越性更加充分展现。中国共产党的执政力量，不是抽象的存在，或只在特殊情况下才让人看得见。它在全国范围内建立有严密的组织体系，这是世界上任何其他政党都不具有的治国理政优势。因此，中国共产党是"行动党"，不是"口号党"。

中国共产党怎样引领中国道路

党的十九大报告指出："中国特色社会主义最本质的特征是中国共产党领导，中国特色社会主义制度的最大优势是中国共产党领导"。这两句话，概括了中国共产党的领导与中国道路的关系。

中国共产党引领中国道路，有很多途径和方式。其中最重要的是思想领导、政治领导和政策领导。

思想领导为中国道路的实践提供理论指引。国家的发展道路如果没有历史和逻辑相统一的理论支撑,就会显得零乱无序而失去方向。因此,我们在谈论中国道路的时候,总是要先谈中国特色社会主义理论,谈党的指导理论,并把它们确定为必须长期坚持并不断发展的行动指南。

政治领导为中国道路的实践提供制度保证。中国共产党是中国最高的政治领导力量,它领导国家建立了人民代表大会制度等一系列制度体系。当前,中国正全力推进的全面深化改革,目标就是坚持和完善中国特色社会主义制度,不断推进国家治理体系和治理能力现代化。与此同时,坚持和完善党的领导制度体系。比如,明确把"协商民主"制度作为实现党的领导的重要方式。

政策领导为中国道路的实践提供具体"路线图"。比如,为了确保2020年中国现行标准下农村贫困人口实现脱贫,中国共产党制定了非常详细精准的扶贫政策。笔者在湖南省的贫困县平江县作过调查研究,发现那里的领导干部为落实中央政策,把相当大的精力都放到扶贫工作上面。目前,中国有19.5万党政机关干部到各地的贫困村担任党支部第一书记。

全过程人民民主在中国的实践

新时代中国，全过程人民民主不是一个口号，也不只是一种理念，它是在实践中已经落地、落实的行动，已经成为适合中国国情的民主新形态，已经成为一种向下扎根、追求实效的政治文明新形态。正是在这个意义上，我们说，全过程人民民主是新时代中国推进国家治理体系和治理能力现代化的重大创新，是推进和拓展中国式现代化的标志性成果。

全过程人民民主在基层，从来不是一种摆设和装饰，从头到尾，它是用来解决人民需要解决的问题的，并且已经贯穿到人民政治生活的各个形态和各个环节。它的真实性和广泛性，它的管用和有效，大概可以从以下方面来体会和认识。

建平台机制：全过程人民民主真实地落到基层的政治生活

发展全过程人民民主，要有制度机制方面的保障，必须建构起多样、畅通、有序地体现人民意志、实现人民民主的平台和渠道。习近平总书记指出，人民代表大会制度是实现我国全过程人民民主的重要制度载体。人民代表大会制度如何在全过程人民民主的实践中发挥作用，能不能与时俱进在体制机制上创新，搭建起有效的管用的民主平台和沟通渠道，便成为关键。

南京江宁区街道工委是这样做的：建立"街道代表之家+社区代表工作站+基层立法联系点+网格民情联络员"的融合体系，以拓展基层立法联系点的深度和广度。全街道16家社区代表工作站进小区、进网格，法规草案上墙公示，居民可扫描墙上二维码或直接与社区代表工作站的联络员反映意见，或与驻"站"市、区人大代表、街道议政代表共同参与立法座谈交流。这样的平台和渠道，可谓打通了基层群众参与立法的"最后一公里"。

有了民主平台和沟通渠道，关键还要看能不能直面和主动解决群众关心的问题。湖北咸宁市人大常委会的做法是，把平台和渠道优势，转化为看得见摸得着的治理效能。"群众最关心什么，我们就询问什么"。他们聚焦群众反映强烈的小区物业管理和服务问题，持续跟踪四年，开展两次专题询问，就物业公司选聘和进驻、物业费收取、电梯加装、业主停车难、居民私搭乱建等问题现场询问，十多家市政府相关部门负责人，逐一作答，承诺限期解决。如今的咸宁，各小区均已建立民主议事协商平台，聚合街道、社区、小区党支部、业委会、物业公司五方力量，构建起了"有事多商量、有事好商量、有事会商量"的民主协商机制，基层民主治理在群众家门口焕发出新的活力。

邀请基层人大代表列席人大常委会，从而把代表同人民群众保持血肉联系的制度优势和人大集体行权的基本原则紧密结合起来，是实践全过程人民民主的又一个具体机制措施。北京市第十五届人大已经有723人次市人大代表列席常委会会议，实现基层代表一届至少列席一次常委会会议的目标。与此同时，全市建立3278个代表家站，探索"月进站、季回家、年述职"的闭会期间履职制度，让群众找得到人、说得上话、议得成事。

全过程人民民主是否管用，关键是要发挥各级人大代表的履职效能。为他们搭建履职平台，再加以机制约束，基层民主活力自然激发出来，基层政治生活大大赋能于社会治理和经济发展。广州市为保护和治理"母亲河"流溪河，建立健全市区镇（街）三级人大联动机制，对12条重点支流实行"一代表一河段"挂钩督办。如今，流溪河流域水质优良以上一级支流占比超过七成。泰州由市、区两级人大倾力打造的全国第一个以服务生物医药产业为特色的人大代表工作室——"千成工作室"，由徐永千代表领衔，已帮助企业获得药品注册批件471张、临床批件216张、医疗器械注册证及备案证2901张、新兽药注册证8张，为中国医药城高质量发展贡献了人大力量。

立问题导向：全过程人民民主有效地回应群众的民生诉求

关于全过程人民民主的实效，尼日利亚前总统奥卢塞贡·奥巴桑乔有过这样的评价："改革开放以来，中国七亿多农村贫困人口摆脱贫困。中国努力为人民提供更可靠、更充分的保障，建成了世界上规模最大的社会保障体系。这些都是中国全过程人民民主行之有效的体现。"

这个评价角度带来的启发是，全过程人民民主向下扎根，最终要保障和实现的，是最广大人民群众的权利和利益。最根本的权利，就是当家作主；最要紧的利益，就是民生诉求。何谓民生诉求？总体上讲，就是更好的教育，更稳定的工作，更满意的收入，更可靠的社会保障，更高水平的医疗卫生服务，更舒适的居住条件，更优美的环境，等等。离开了民生诉求的民主，就不算向下扎根的民主。

"治国有常，而利民为本。"全过程人民民主在基层的实践，之所以管用，不是花瓶，就在于它能够办实事；之所以有效，不是摆设，就在于它能够解决民生问题；之所以在中国行得通，有前途，就在于它能够让人民群众有感、有获。

从 2020 年开始，江西宜春市实施民生实事项目人大代表票决制，人大代表除了票决出本年度 10 件民生实事外，还要对上年票决的 10 件民生实事项目完成情况开展满意度测评。拿来票决的民生实事项目形成机制是，"群众提、（政协）委员议、（人大)代表定、政府办"。宜春市政府利用已经搭建起来的各种民主平台和沟通渠道,每年8月启动征集民生实事项目工作,征集时间不得少于1个月。为了让代表在票决确定民生实事项目时能够做到"选对、选准、选优",市人大常委会就项目的审议工作进行了科学安排,前期充分调研,审议期安排市政府相关负责人列席常委会会议,就代表提出的问题进行解释说明。这种做法,确保民生实事项目的征集"接地气",做起来"有底气",做成之后"显人气",还在某种程度上实现了从"为民作主"到"由民作主"的转变。

人民群众是最懂得实际的。民主落到人民身上,最直接最具体的就是民生。他们接受和欢迎的民主,基本上与自己面临的难题能否得到解决有关。拆迁安置,一度成为浙江台州椒江区民生需求的焦点。葭沚街道组织人大代表走访调研,一次活动就收集相关问题34条,现场回复群众26条,交办相关部门8条,推动两百多户群众签约。葭沚街道星光村村民应普华说:"以前我们一家老小十口人,就住在这间不到二十平方米的老房子里,如今遇上'一江两岸'开发建设的好时机,兄弟三人都希望赶上这趟'征迁'列车,分到新房子。"由于该房屋土地所有权存在异议,他的诉求无法得到满足。得知这一情况,葭沚人大代表中心组邀请椒江区相关政府部门进行沟通,最终确权这间房屋可予以征迁补偿。从此,"有难题,找代表"是葭沚街道百姓的共识。

通过立法和监督来回应民生需求,解决民生难题,更是各级人大实践全过程人民民主的通常做法。山东东营市的办法是"立什么法由人民群众来点"。群众说:"真怀念上世纪八九十年代的蓝天白云啊,可惜现在污染越来越严重了,建议将大气污染防治条例提上立法日程!"东营市人大常委会随即召集市生态环境局等部门对大气污染情况进行实地调研,并在可行性、必要性论证后,纳入立法计划。该市《2017—2021年地方立法规划》通过广泛征集群众意见,确定的15个项目中有13个是群众呼声高、反映强烈、参与度最多的民生事项。南京东山街道工委开展代表视察、调研、执法检查、主题代表接待日、召开座谈会等活动,邀请相关部门、专家学者、社区居民等参与,"原汁原味"整理上报社情民意,由此整理提交出物业方面立法建议,推动开展地方食品安全立法工作,还针对网络外卖食品安全,推动条例立法工作。

立问题导向的民主,是由下而上的民主;扎根民生的民主,是人民群众最盼望最拥护的民主。保障发展的成果由人民群众共享,是全过程人民民主的重要追求。对此,美国库恩基金会主席罗伯特·劳伦斯·库恩说:"中国共产党领导下的全过程人民民主,真正把发展为了人民、发展依靠人民、发展成果由人民共享落到实处,具有显著优势。"

当自己的家:全过程人民民主大大激发群众的参与意识

在基层实践全过程人民民主,不只是各级人大机构和人大代表的事情。全过程人民民主激发了广大人民群众的参与热情,社会各界群众的话语权、话事权得到了很好的体现,民议、民审、民定、民评,民众广泛的参与,让民主决策、民主监督、民主管理,落到了实处。

在山东东营河安社区立法联系点举办的《东营市养犬管理条例》立法征询会上,参会的社区居民纷纷发表意见,有的认为要写上禁养大型犬和烈性犬,有的主张应规定每户限养一犬,大家讨论很激烈。立法联系点负责人感慨地说:"以前感觉立法是很遥远的事,现在感觉和自己特别近,居民参与的热情都很高。特别是当自己提的建议被采纳后,激动之情更是难以言表。"

在广泛的政治参与中,群众的民主意识不断被激发,反过来又促进了全过程人民民主的进一步实现。湖北宜昌长阳、五峰两个土家族自治县,群众自发地搞起各种形式的湾子会、屋场会、火垄会、坨坨会、板凳会,还有"围炉夜话""议事长廊""幸福村落",以彰显"群众的事群众说了算!""大家的事大家商量着办!"。大家议的还真不是只关乎个人利益的事情,而是:"乡下中小规模的畜禽养殖污染严重,既影响农村水源,又破坏土壤,对人的健康也不利,应该进行专项立法加以监管。""过去文物保护意识淡薄,老房子、老物件拆的拆、毁的毁、卖的卖,再不保护就没得保护的了。""万里茶道必须保护好,这是五峰的文化遗产。"根据群众所议,长阳、五峰两地人大制定和修改民族法规二十多件,民族立法数量和质量在全国民族自治县中处于领先位置。长阳、五峰的立法实践,助推了宜昌民族地区乡村振兴。如今,宜昌民族地区,"民事民提、民事民议、民事民决、民事民办、民事民评"直抵基层,土家儿女"知情权、参与权、表达权、监督权"得到充分保障。

立法后评估是一项技术性很强的工作。如果立法机关关起门来搞评估,难免陷入立法者既当"运动员"又当"裁判员"的窘境。东营市创新工作思路,实施效果怎么样由人民群众来"评"。在工作中,设计了包括22项指标的调查问卷,委托专业机构发放1500份,还走访了100余名市民和20余名市人大代表征求意见。人民群众的广泛参与,能够客观公正检验立法质量,也推进了法规实施,凸显监督实效。

还有,重庆市江北区人大常委会,为了评议观音桥商圈提升工程,评议调查组邀请群众和人大代表一起全程参与调查评议工作。江北区人大常委会还邀请群众参与政府民生工作视频会,每个视频分会场都有10名群众,他们积极发言提建议,反映发生在身边的一些问题,发挥了和人大代表同样的作用。

三点感想

世界已经越来越接受一种舆论:"中国经济的发展是一个成功的故事。"笔者想,随着全过程人民民主在实践中的发展和完善,世界也应该在不久的将来,开始接受新一种舆论:"中国全过程人民民主的发展是一个成功的故事。"

成功在何处?感想如下——

第一,全过程人民民主在中国,彰显民主的真谛。

全过程人民民主理念和实践，无非是三个关键词：主体是"人民"，民主要"实"，过程要"全"。这三个关键词，是全过程人民民主的三大亮点，彰显民主的真谛。

主体是"人民"，指的是民主属于人民。世界上一切民主形态，无非都是为了保障和实现人们的权利和利益。在中国，向下扎根的全过程人民民主，摆脱西方民主形态（或者说民主模式）常常受到资本驱动、精英规则和政治极化的困扰，彰显了民主的本真属性，体现了人民当家作主。

民主要"实"，指的是民主要解决问题。民主不只是口头表达，不是有问题不议，议而不决，决而不行，行而无果。本文前面三个部分讲的内容，便属于民主之实。

过程要"全"，指的是实现和体现民主的过程，要各个环节打通，不是选举完后选民便被抛在一边的那种民主。"全"在何处？民主选举不受金钱操控；在决策前、决策中、实施时通过各种平台和渠道进行民主协商；民主决策要察民情、听民声、顺民意，将群众意见科学地转化为法规政策和工作事项；人民通过各种途径和形式，管理事务，特别是在城乡社区普遍实现村（居）民在基层公共事务和公益事业中的自我管理、自我服务、自我教育、自我监督；通过各种平台机制，探索构建起一套有机贯通、相互协调的民主监督体系，对权力的监督逐步延伸到每个领域、每个角落。

第二，全过程人民民主在中国，促进社会全面进步。

全过程人民民主在中国，重点解决的是经济发展大事、社会治理难事、民生日常琐事，涵盖经济、政治、文化、社会、生态文明等各个方面，这就使社会全面进步并获得有力而全方位的政治动能。党的二十大报告把发展全过程人民民主确定为中国式现代化本质要求的一项重要内容。中国式现代化追求的，正是社会全面进步的现代化。

第三，全过程人民民主在中国，属于人类政治文明新形态。

全过程人民民主理念和实践，从根本上说，创造的是一种新的政治文明形态，或者说，它属于中国式现代化进程中创造的"人类政治文明新形态"。中国式现代化代表人类文明进步的发展方向，展现出不同于西方现代化模式的新图景，是一种全新的人类文明形态。从政治文明角度讲，中国式现代化"新图景"，新就新在全过程人民民主理念和实践在中国扎下了根，开出了花，结出了果。

当然，全过程人民民主在中国，还需要也能够拓展出更加完善和具体的政治文明发展空间。

集中力量办大事何以成为显著优势

关于中国的国家制度和国家治理的特点，人们常常会谈到集中力量办大事。集中力量办大事，就要坚持全国一盘棋，调动各方面积极性，有效协调各领域、各层级资源，集中力量解决改革发展稳定中的关键难题，应对重大突发事件和重大灾难，推进具有重大战略意义的尖端项目或重大活动。集中力量办大事是我国的一大制度优势。

集中力量办大事，何以必然

这是后发国家实现跨越式发展的优化选择。新中国成立后，我国面临的基本情况是人口多、底子薄、资源有限、城乡和区域发展不平衡，在世界现代化大潮中处于追赶地位。要想迎头赶上，必须找准突出短板和弱项，集中有限资源去攻关，由此实现跨越式发展。在新中国成立70多年的历史中，我们可以举出许许多多的例子来证明集中力量办大事的成功实践。

如今，中国发展起来了，也许有人会说，在国家综合国力日益增强、治理体系和治理能力现代化不断推进的今天，为什么不完全靠市场来调配资源，而非得借助政府力量来调配资源办大事？且不论我国仍然处于并将长期处于社会主义初级阶段，仍然是世界最大发展中国家，人口多、底子薄的基本国情没有变，关键是有的大事要想办成，就必须集中力量。比如，防控传染病疫情、减灾救灾这样的大事，无论是中国还是西方国家，都需要集中力量去应对，区别在于能不能迅速、合理、有效地集中力量。

又如，要解决几亿人口脱贫这样人类历史上的难题，如果只靠市场经济的方式去办，只靠经济发展的自然过程去解决，只靠一般性的福利制度安排去做，那不仅是一个非常缓慢的过程，而且可能不断产生新的经济社会问题。

集中力量办大事，何以能够

事实上，并不是所有后发国家都能够做到集中力量办大事。有的国家在某个时期、某些特殊情况下做到过集中力量办大事，但只有中国能够把集中力量办大事上升为制度，进而成为能够长期发挥重要作用的显著优势。这是由我国的社会主义国家性质、中国特色社会主义制度和国家治理体系决定的。我国以宪法这种国家根本大法的形式规定，"国家的根本任务是，沿着中国特色社会主义道路，集中力量进行社会主义现代化建设"，并将此体现到各个具体领域。例如，在经济领域，我国有公有制为主体、多种所有制经济共同发展，按劳分配为主体、多种分配方式并存，社会主义市场经济体制等社会主义基本经济制度为集中力量办大事保驾护航，同时在经济运行中又充分发挥市场在资源配置中的决定性作用、更好发挥政府作用，由此形成了一套完善的制度体系，为集中力量办大事奠定了坚实制度基础。

中国的集中力量办大事，可以说是做到了"三个一"："一张图"，就是对所办大事有统一规划；"一盘棋"，就是各地区、各部门从全局着眼，围绕所办大事形成合力；"一竿子"，就是保证从中央到地方政令畅通，在贯彻执行上一竿子插到底。如此运行方式，大事自然办得成。

集中力量办大事，何以成为显著制度优势

中国共产党领导是中国特色社会主义最本质的特征，是中国特色社会主义制度的最大优势，党的领导是集中力量办大事成为显著制度优势的根本原因。中国共产党是用马克思主义武装起来的先进政党，辩证唯物主义和历史唯物主义是中国共产党人的思想武器。辩证唯物主义既讲全面又讲重点，既讲主要矛盾又讲次要矛盾，既讲矛盾又讲矛盾的转化。这决定了我们党在治国理政中能够抓准影响全局的主要矛盾和工作重点，将其列为需要集中力量去办的大事。

那么，怎样才算抓准了大事呢？历史唯物主义告诉我们，人

民是历史的创造者。中国特色社会主义各项事业的发展，都要坚持以人民为中心。因此，集中力量要办的大事，就是符合国家和人民根本利益的大事。而且办这样的大事也从来不是空喊口号，它总是体现在细节之中。例如，2019年，中国让14亿人都用上了电。从乡乡通电到村村通电再到户户通电的过程中，在青海、新疆、西藏、四川等省区的部分偏远地区，每户投资达4万元左右，甚至出现为1户通电，专门架设18根电线杆的事情。按照农户每月正常用电量50千瓦时的电费计算，这样的投资费用100年都回不了本，这还没算上投入资金的利息，以及日常的人工维护成本。只有集中力量办了以人民为中心的大事，才算是相应制度和治理体系优势显著发挥。

当然，集中力量办大事的制度安排，也需要与时俱进创新发展。在集中力量办大事的过程中，可以发现国家治理体系和治理能力存在的一些短板和弱项，然后不断去完善和发展相应的体制机制，从而使集中力量办大事这一显著优势更好地发挥作用。

为什么说中国必然走和平发展道路

历史总是在一些重要时间节点上更能勾起人们的回忆和反思。从 2014 年 7 月到 2015 年 9 月 3 日，围绕中国人民抗日战争暨世界反法西斯战争，习近平总书记多次发表重要讲话，目的是为了铭记历史、缅怀先烈、珍爱和平、开创未来，展示中国人民坚定不移走和平发展道路的决心和信心。

第二次世界大战的惨痛教训，启示我们必须走和平发展道路

战争对人类残酷无情的伤害和毁灭，人所共知；经历过战争的人们，最知道和平发展的重要与珍贵。第二次世界大战遍及四大洲 80 多个国家和地区，约 20 亿人口被卷入战火，军民共伤亡 7000 余万人，是人类历史上最惨烈、最黑暗的一页。反法西斯战争的胜利来之不易，战后的总体和平来之不易。习近平总书记

指出:"历史告诉我们,战争好似魔鬼和梦魇,给人民带来深重灾难和痛苦,必须高度警惕;和平犹如空气和阳光,受益而不觉,失之则难存,必须精心维护。"

长期遭受欺凌侵略和战争苦难的民族,最渴望和平发展。中国是第二次世界大战的东方主战场,中国人民的抗日战争开始时间最早,持续时间最长,付出的牺牲也最大。为此,中国人民对战争带来的苦难有着刻骨铭心的记忆,对和平有着孜孜不倦的追求,对战争和动荡有着发自内心的强烈拒绝。没有和平,连最基本的生存权利都不能保证,更谈不上任何发展。走和平发展道路,是抗日战争和第二次世界大战留给我们最宝贵的启示。

反观当今世界,各种传统和非传统安全威胁相互交织,天下并不太平,我们更应该牢记70年前那场战争的惨痛教训,共同维护来之不易的总体上和平发展的局面。"光明前进一分,黑暗便后退一分"。只有推动各国人民相互了解理解、民心相亲相通、文明交流互鉴,才能在人们心灵中坚定和平发展的理念和信念。如果不汲取第二次世界大战的历史教训,不真诚反省甚至回避或否认侵略他国的历史,和平发展的理念和信心是很难真正树立起来的。历史是最好的教科书,也是最好的清醒剂。我们强调牢记历史,并不是要延续仇恨,而是要铭记历史教训,珍爱维护和平;是要以史为鉴、开创未来,让各国人民永享太平。

人类社会的发展规律和趋势，要求我们必须走和平发展道路

纵观人类历史，依靠武力对外侵略扩张，必然要以失败而告终。在第二次世界大战之前的300多年间，国际秩序的变迁，都是列强争霸的结果。从17世纪的"威斯特伐利亚体系"，到19世纪的"维也纳体系"，再到20世纪初的"凡尔赛—华盛顿体系"，依靠战争和强权形成的秩序和体系，没有哪一种能真正维持和长久稳定。第一次世界大战结束后不过20年，就爆发了第二次世界大战，不仅宣告了"凡尔赛—华盛顿体系"的崩溃，而且宣告了一种旧历史逻辑和旧国际秩序的破产。这种旧逻辑，就是弱肉强食的丛林法则；这种旧秩序，就是霸权主义和强权政治。第二次世界大战的惨痛教训告诉人们，弱肉强食、丛林法则不是人类共存之道。穷兵黩武、强权独霸不是人类和平之策。赢者通吃、零和博弈不是人类发展之路。和平而不是战争，合作而不是对抗，共赢而不是零和，才是人类社会和平、进步、发展的永恒主题。

中国人民的抗日战争和第二次世界大战的胜利，是人类历史上和平与正义的崭新胜利。战后开始形成新的国际秩序，以《联合国宪章》的宗旨准则为基础，倡导和平、民主、独立原则。特别是广大亚非拉地区的国家独立和民族解放运动，使得全球殖民体系土崩瓦解，捍卫世界和平的力量得到加强，国际关系民主化获得重要推动力。如今，世界多极化、经济全球化和区域经济一体化迅速发展。各国联系日益紧密，相互依存空前加深，人类生

活在同一个地球村里，越来越成为我中有你、你中有我的命运共同体。求和平、谋发展，成为各国人民的普遍愿望；促合作、图共赢，成为时代的滚滚潮流。

今天的世界比以往任何时候都更有条件朝和平与发展的目标迈进，必须顺应历史规律和时代大趋势的要求。习近平总书记指出："要跟上时代前进步伐，就不能身体已进入二十一世纪，而脑袋还停留在过去，停留在殖民扩张的旧时代里，停留在冷战思维、零和博弈的老框框内。"① 把握历史规律和顺应时代大势的中国，最懂得和平发展的内涵。我们旗帜鲜明地主张将合作共赢作为处理国际事务的核心价值理念和基本政策取向，把本国利益同各国共同利益结合起来，努力形成双赢、多赢、共赢局面。对待国家间存在的分歧和争端，应该倡导通过对话协商解决，通过和平和政治方式解决，不能动辄诉诸武力或以武力相威胁。热衷于使用武力，不是强大的表现，而是道义贫乏、理念苍白的表现。只有基于道义、理念的安全，才是基础牢固、真正持久的安全。

中国独特文化传统和历史命运，决定我们必然走和平发展道路

中国走和平发展道路，不是权宜之计，更不是外交辞令，而是从历史、现实、未来的客观判断中得出的结论，是思想自信和

---

① 《习近平著作选读》第一卷，人民出版社2023年版，第105页。

实践自觉的有机统一。这种自信和自觉，来源于独特的文化传统、独特的历史命运和独特的现实国情。

中华民族是爱好和平的民族。中华文化崇尚和谐。以和为贵，与人为善，协和万邦、亲仁善邻，己所不欲、勿施于人，国虽大，好战必亡等理念在中国代代相传，深深植根于中国人的精神中，深深融化于中国人的血液中。中华民族的血液中没有侵略他人、称霸世界的基因。

近代以后，中华民族落后了，备受列强欺凌，饱受战争苦难。消除战争，实现和平，摆脱落后，实现振兴，成为中国人民最迫切、最深厚的愿望。和平与发展是中国提出和坚持的当今世界的两大主题。这两大主题是相互联系的。和平是发展的前提，发展是和平的保障。悲惨屈辱的近代历史告诉我们，落后就要挨打，发展才是硬道理。必须把发展作为党执政兴国的第一要务，为民族复兴奠定坚实基础。

求发展必须谋和平。没有和平稳定的环境，什么事也干不成。中国是维护世界和平的坚定力量，中国人民不接受"国强必霸"的逻辑，不会将自己曾经遭受的苦难再强加给别人。相反，随着国力的不断增强，我们将在力所能及的范围内承担更多国际责任和义务，为促进世界和平与发展贡献更大力量。我们既通过维护世界和平发展自己，又通过自身发展维护世界和平。这就是我们走和平发展道路的根本含义。

更重要的是，和平发展是中国特色社会主义道路的题中应有之义。中国特色社会主义道路，是中国人民历经千难万苦艰辛探索出来的，是近代中国历史发展的必然结论，是实现民族复兴的必由之路。和平发展是中国特色社会主义道路的重要内涵，是中国人民的历史性选择和坚定立场。道路决定命运。不坚持和平发展，我们就不能实现既定的发展目标和任务，这是我们走和平发展道路的现实逻辑。

70年前，抗日战争的伟大胜利，使古老中国凤凰涅槃、浴火重生，民族复兴开始展现光明前景。70年后，只要我们坚持走中国特色社会主义道路，坚持走和平发展道路，中华民族伟大复兴的中国梦一定能实现，中华民族一定能够对人类和平与发展的崇高事业，作出新的更大贡献。

我们常说中华民族通过中国道路跟上了时代的前进步伐，其背后的历史叙述是，18世纪中后期开始的以蒸汽机为代表的第一次工业革命，产生了英国、法国这样的世界强国；19世纪中后期开始的以电气化为代表的第二次工业革命，造就了德国、美国以及日本、俄国这样的世界强国。这两次工业革命，奥匈帝国以及中国的大清王朝，还有曾在大航海时代领跑的西班牙、葡萄牙，都因为没有赶上工业革命的前进步伐而掉下队来。在20世纪中后期开始的以互联网为代表的第三次工业革命，在改革开放的大背景下，中国迎头赶上了。

何以"胸怀天下"

细读习近平总书记所作的党的二十大报告,有关处理中国与世界关系的重要论述,觉得很有必要去深入体会。

例如,谈到开辟马克思主义中国化时代化新境界,提出中国共产党"也是为人类谋进步、为世界谋大同的党",因此要"积极回应各国人民普遍关切,为解决人类面临的共同问题作出贡献,以海纳百川的宽阔胸襟借鉴吸收人类一切优秀文明成果,推动建设更加美好的世界"。谈到中国式现代化道路的中国特色和本质要求,强调"中国式现代化是走和平发展道路的现代化。我国不走一些国家通过战争、殖民、掠夺等方式实现现代化的老路",而是"在坚定维护世界和平与发展中谋求自身发展,又以自身发展更好维护世界和平与发展",要"推动构建人类命运共同体,创造人类文明新形态",等等。

这些关键词句,实际上可以归结到报告中的一个表达,叫"胸怀天下"。

胸怀天下，既是2021年党的十九届六中全会作出的《中共中央关于党的百年奋斗重大成就和历史经验的决议》中，总结的中国共产党百年奋斗历史经验中重要的一条，也是中国共产党走向未来，创新发展理论和实践，更好地以中国式现代化全面推进中华民族伟大复兴，必须坚持的一个基本原则。它是中国共产党面临以前所未有的方式展开的世界之变、时代之变、历史之变，作出的重大宣示；是为回应国际社会的普遍关切，作出的真心诚意的选择和行动部署，是中国共产党与生俱来的"精神基因"和始终如一的本色追求。

胸怀天下，或者说为人类谋进步、为世界谋大同的追求，过去叫"国际主义"；新时代以来，又有了划时代意义的核心内涵，就是推动构建"人类命运共同体"。

胸怀天下是中国共产党的"精神基因"

马克思、恩格斯的《共产党宣言》，被视为马克思主义政党在人类历史上的"出生证"。这个"出生证"上写的最后一句话是，"全世界无产者，联合起来"。可见，马克思主义政党一经诞生，就已经嵌进了永不蜕变的天下胸怀。

从西方到东方，从19世纪40年代到21世纪的今天，我们说中国共产党胸怀天下的精神传统没有改变，是有依据的。20世纪50年代到60年代出版的《毛泽东选集》，以及改革开放后出版的《毛泽东选集》第二版，以及《邓小平文选》《江泽民文选》

《胡锦涛文选》，在内封上，都专门有一页印上几个红色的字："全世界无产者，联合起来！"这说明什么？要表达什么？要说明和表达的是，在漫长的马克思主义中国化时代化历史进程中，离不开胸怀天下的世界观和方法论。

传播胸怀天下的重要文化载体，是世界各国共产党人都熟悉的《国际歌》。列宁说过，在异国他乡，只要唱起这首歌，就意味着找到了同志。至今，中国共产党召开全国代表大会，闭幕时都要奏《国际歌》。

中国共产党人一路走来，经历了整整一个世纪的风雨。他们立志出发的时候，便胸怀天下。毛泽东同志在党成立以前，就明确把他主持的新民学会的宗旨，确定为"改造中国和世界"。也就是说，那一代人的理想，是既要改造中国，也要改造世界，而且必然是通过改造中国来改变世界。他们之所以选择马克思主义，不仅是因为它适合中国，也认为它是一种世界性的崭新的道义高地，是人类文明的发展新方向。比如，毛泽东同志在1920年，便公开发表文章说：大家都在闹新文化，但并不懂得新文化是什么，"彻底些说吧，不但湖南，全中国一样尚没有新文化。全世界一样尚没有新文化。一枝新文化小花，发现在北冰洋岸的俄罗斯"。正是基于这种人类文明的新方向，中国共产党人在出发的时候，便培育起根深蒂固的天下胸怀。

刘少奇同志在1950年10月3日的一次讲话中回忆，他1920年到1921年在莫斯科学习的时候，就"见到在卢布上用各国文字写成的同一句口号'全世界无产者联合起来'，其中中文则翻译成'四海之内皆兄弟'"。这个翻译很有意思，它从一开始就告诉人们，胸怀天下的国际主义，在各国共产党那里，在不同的时代，势必有不同的民族表达方式和具体实践途径。一路走来，有关"胸怀天下"的表达和实践，中国共产党是在长期的弱势处境并且不断经历危机的情况下发展到今天的。那么，在集中精力全力应对强大敌人的时候，胸怀天下又是怎样体现出来的呢？

1935年，红军在长征途中遭遇的那种前所未有的艰困处境，是人们熟知的。但是，毛泽东同志在跨越岷山之巅的时候，遥望远处积雪浑茫的起伏山峰，仿佛看到了昆仑山脉，涌动出改造中国和世界的构想，写下了这样的诗句："而今我谓昆仑：不要这高，不要这多雪。安得倚天抽宝剑，把汝裁为三截？一截遗欧，一截赠美，一截还东国。太平世界，环球同此凉热。"这是胸怀天下的审美表达。"环球同此凉热"，难道不也是"人类命运共同体"的审美表达？

在全民族抗日战争到来的关键时候，毛泽东同志在《论反对日本帝国主义的策略》这篇文章中，明确提出："全世界一切由人民起来反对压迫者的战争，都是义战"，目前，中国的抗日高潮和全世界的反法西斯高潮，都属于"义战"，"凡义战都是相互援助的"，"国际援助对于现代一切国家一切民族的革命斗争都是必要的。"这是胸怀天下在全世界反法西斯战争中的中国式战略表达。

有意思的是，在反映延安大生产运动的纪录片中，我们还看到过这样一个镜头，在南泥湾开荒的359旅战士们，互相竞赛，各连插的竞赛旗帜，竟有"非洲连"这样的名称。这是胸怀天下在中国共产党的奋斗实践中的精神和情怀表达。

新中国成立后，中国人民站立起来了。但毛泽东同志经常说的一句话，是要争取为人类作出更大贡献。这是胸怀天下在革命取得胜利后的最新表达。

这个表达，沿用至今，并且不断丰富和发展，更加具体和实际。习近平总书记在党的二十大报告中谈到人民军队建设时指出，"有信心、有能力为世界和平与发展作出更大贡献"；在谈到中国打赢脱贫攻坚战时指出，"为全球减贫事业作出了重大贡献"；在谈到新时代的成就和变革时指出，"中国式现代化为人类实现现代化提供了新的选择"，"为人类和平与发展崇高事业作出新的更大的贡献"；甚至在谈到胸怀天下本身的含义时，直接强调，"为解决人类面临的共同问题作出贡献"。

胸怀天下与中国式现代化

习近平总书记在党的二十大报告中指出，从现在起，党的中心任务就是团结带领全国各族人民全面建成社会主义现代化强国、实现第二个百年奋斗目标，以中国式现代化全面推进中华民族伟大复兴。这两句话实际上是互为一体的，关键词都是"现代化"。现代化既是建成社会主义强国的应有之义，也是中华民族伟大复兴的实现方式。这个中心任务，顺理成章地延伸出一个重大理论和实践课题：我们要实现的现代化是什么样的现代化、怎样去实现现代化。答案很明显，就是不断推进和拓展"中国式现代化"。

什么是中国式现代化？党的二十大报告作出明确阐述，提出它拥有五个中国特色和九条本质要求。值得注意的是，强调中国式现代化的中国特色和本质要求，绝不是说它是在一个封闭环境中创造出来和发展起来的，恰恰相反，它是在和世界现代化进程的互动和比较中脱颖而出的，并且吸收了各国现代化的正确经验，因而拥有各国现代化的共同特征。

邓小平同志在改革开放之初，便说过一句名言："中国的发展离不开世界"。离不开的，当然包括各国现代化的共同特征。所谓共同特征，是指现代化的一般规律和相似途径。涉及物质技术进步规律，实行对外开放的基本政策，使市场在资源配置中起决定性作用，以高质量发展提升现代化国家建设水平，等等。为此，继续推进好拓展好中国式现代化，要以海纳百川的宽阔胸襟借鉴吸收世界现代化进程中创造的一切优秀文明成果。

这正是中国共产党人胸怀天下的历史和理论逻辑之一。

中国式现代化的理论和实践，体现了世界现代化进程的一般规律和中国具体实际的高度结合，是中国共产党和中国人民为解决人类面临的共同问题贡献的中国智慧、中国方案、中国力量。强调中国式现代化的中国特色和本质要求，彰显了我们应有的道路自信、理论自信、制度自信和文化自信，同时，在理论和实践上回应了西方现代化的缺陷和西方现代化理论对其缺陷的掩盖；动摇了把现代化等同于西方化的迷思和产生这一迷思的西方叙述话语体系；拓展了发展中国家走向现代化的途径，给世界上那些既希望加快发展又希望保持自身独立性的国家和民族提供了新的选择。推进拓展中国式现代化，丰富发展人类文明新形态，实际上成为中国同西方进行"文明对话"的有效途径和不可轻视的话语平台。

这是中国共产党人胸怀天下又一个历史和理论逻辑。

胸怀天下的精髓

站在新时代中国的历史方位，体会中国共产党的胸怀天下，它有四个方面的精髓。

第一，大道之行，天下为公。中国共产党始终以世界眼光关注人类前途命运，从人类发展大潮流、世界变化大格局、中国发展大历史正确认识和处理同外部世界的关系。并且，坚持主持公道、伸张正义，站在历史正确的一边，站在人类进步的一边。

第二，自信自强，通过中国的发展来为人类作出贡献。作为具有天下胸怀的马克思主义政党，拥有天下胸怀的社会主义国家，拥有天下胸怀并致力于实现复兴的中华民族，要推动构建人类命运共同体，第一步是要能够独立自主地处理本国的问题，在世界格局中始终独立自主地掌握好自己的命运。这是自信。接着必须时刻着眼于实现中华民族伟大复兴这个战略全局，把中国的事情办好。如果中国的事情没有办好，中国没有更大的发展，胸怀天下去为人类作出更大贡献的力量，也不能强起来。

第三,把握大局,为世界进步提供中国方案。天下胸怀塑造了中国共产党由内而外和由外而内的双向战略视野,从而使中国共产党能够始终把握国内国际两个大局,来塑造自己的道路和命运。毛泽东同志在井冈山提出中国革命道路是这样,邓小平同志在改革开放初期提出中国式现代化道路也是这样。今天,习近平总书记着眼于世界百年未有之大变局和实现中华民族伟大复兴的战略全局,提出以中国式现代化全面推进中华民族伟大复兴,进而提出中国式现代化为人类现代化提供新的选择,其本质要求是创造人类文明新形态等,都是为人类发展和世界前途提供了中国方案。

第四,文明互鉴,维护文明的多样性。中国既要有文化自信、历史自信,又不能搞"只此一家,别无分店",要搞开放多元,和而不同。这当中,文明互尊,平等交流,是文明互鉴的前提;求同存异、取长补短,是文明互鉴的途径;包容发展、共同进步,是文明互鉴的目的。文明互鉴,最终是为构建人类命运共同体,奠定文化和价值观的基础。中国共产党在新时代提出的,"弘扬和平、发展、公平、正义、民主、自由的全人类共同价值,引领人类进步潮流",就是构建人类命运共同体的文化价值观基础。

有信心和耐心让别人读懂中国

今年是中国共产党成立100周年。在党的领导下中国的经济发展和社会治理，包括中国的道路、理论、制度、文化，在世界百年未有之大变局面前呈上升态势，优势越来越明显。但不少人感到意外的是，在这些优势面前，为什么我们所处的国际舆论环境却越发险恶，频繁地遭遇西方特别是美国的攻击、抹黑？

应激反应是为澄清真相

其实背后的原因不难理解。当你的内部发展还没有体现出明显优势的时候，别人不会特别在意你。所以，在经济全球化背景下，过去的环境相对好些。现在，我们的优势起来了，而且走的发展道路和西方不同，中国不是按西方的模式在塑造自己，因此西方一些国家和一些人出现了非理性的心理反应。什么东西能够动摇别人的自信和眼光？就是你不跟在别人后面走，反而走得更快。此外，尽管我们的态度很明确，不向发展中国家推销中国的道路，不强迫别人学习中国，一向认为各国必须自信地去走符合自身国情的发展道路，但是有些西方人并不这么看。他们认为你不走西方的道路发展起来，肯定会对发展中国家有一种示范效应，这也是他们所担心的。在这种心态下，他们对中国"一带一路"倡议和实践总是挑毛病，总是想搞出新的动静和方案来取代"一带一路"倡议。

面对美国及西方一些国家在舆论上对我们的攻击、抹黑和造谣，很多中国网民觉得心里委屈，于是他们越来越多地选择应激反应式地怼回去。这是一种很自然的反应，因为我们要让外界能听到、看到关于中国的真实情况，而不是西方媒体和政客扭曲后的"中国形象"，这是一种努力。不能要求中国网民都是"圣人"，都能以包容和大度来面对"挨骂"状态。

从长远来看，作为大国国民，经过"应激反应"之后，我们需要更从容、更有高度的心态。而这种心态，是要经历一个过程才能比较成熟地建构起来。

西方对其他文明缺乏包容

美欧西方国家，尤其是政治精英，对于不同意识形态的文化接受起来很困难。例如，之前的东德和现在的俄罗斯，其实在文化融合和社会认同上，也一直不被西方接受。不同文明的交流、交融，总存在着先天性的障碍因素。什么是文明，什么是文化？

不同的空间地域、传统习俗、生产和生活方式等，积累起来必然要形成不同的思想方式和价值观念，包括看待和处理问题的方式。

在先秦时期，中国虽然是百家争鸣，但最后都走向一种包容的文化心态。包括中华民族本身也是"多元一体"，是不同民族单位融合的结果。由此，中国人在和不同文明打交道的时候，最终形成了很成熟的机制——包容。即费孝通所说的"各美其美、美美与共"，互相欣赏、互相借鉴。中国历史上很善于借鉴外来的文明，很善于跟不同的文明相处，习惯于选取有用的东西来做创造性转化和创新性发展。

而欧美的文明和习惯，从古希腊的城邦制开始到罗马帝国，就和中国不一样。他们看重的是竞争、对立、一分为二，只有征服和压制，然后才能相处，即使相处，也是居高临下。要做到"多元一体"，在西方面临的障碍，比中国要大得多。在这种情况下，西方看待中国的文明就不像中国人看待西方文明那样拥有包容心。但是，实践和历史的发展证明，不同文明多元共存、互相借鉴、和谐相处，是人类应有的选择，也是一种科学的选择，符合历史发展趋势。

遗憾的是，当西方一些人认为中国发展的优势对他们产生某种影响或威胁后，他们越发把这些原因归结为不同的文明冲突。这是当今西方政治或战略界很现实的一种态度。比如，2019年担任美国国务院政策规划事务主任的基伦·斯金纳博士曾说：美国正着手准备应对美中之间将发生的文明冲突。当初美国与苏联的冷战是"西方大家庭内部的一场冲突"；当前美国与中国的争端，是"一场与一种完全不同的文明和不同的意识形态的较量"。她的依据是,"现在的中国不是西方哲学和历史的产物"。这种观点很不科学,但反映出一些美欧政治精英和知识分子在意识形态上不接受中国有着根深蒂固的原因。

这也说明,中华文化和中国的制度建设,作为与西方不同的异质文明,要被西方接受是一个相当长的过程。这当中还要明白,西方对中国文化或中国道路的"接受",内涵是什么?正如笔者在《问答中国》一书中所写,我们理解的接受:第一步是承认你的客观存在;第二步是承认你的合理性;第三步是最高的,就是看哪些地方对自己有用,然后再借鉴过来发展自己。这是个"三部曲"。

信心和耐心源自坚实的发展

从长远来看,我们应有的心态是:第一,不管别人接受不接受,接受到哪一步,我们都要有自信。我们既然在自己的土壤上走了几千年,形成了中国道路,我们就要有一种文化定力和文明定力,照着我们自己的路子走下去。

第二,在文明和政治定力的基础上,还要注意把中国道路中蕴含的文化特色和价值观优势,彰显到世界面前。例如,中国通过"一带一路"倡议与外国的实际经济交往中,不附加任何政治条件,这就是我们的价值观优势。不像一些西方国家在经济交往中,往往夹杂着政治、文化各方面的一些考量。通过各种方式把这些东西彰显出来，以实际情况告诉世界，中华文化及中国道路是有道义高点的，中国的形象是可信、可爱、可敬的。

在这个过程中，我们要有信心和耐心，归根到底就是把我们自己的事情办好，把中华民族伟大复兴战略全局维护好，中国沿着这个路走下去，是能够化解上述各种各样冲突的。只要我们的发展不迟滞，实现中华民族伟大复兴的历史进程不延缓、不遭受挫折，能够按照规定的战略目标往前走，就有了体现自身信心的最大依据。我们的耐心跟信心结合在一起，就让我们有足够的冲劲和能力去实现目标。

只要我们把路走好了，别人就动摇不了我们的道路、制度和文明，不仅动摇不了，早晚有一天还要走到"接受三步曲"中去，要么承认中国道路是客观存在，要么承认中国道路是合理的，要么觉得这里面还有许多可取之处。因为在信息时代，自媒体和社交媒体越来越发达，尽管一些西方传统精英媒体不愿意报道中国先进的一面，但是很多西方民众是看在眼里的。只要中国发展的好，久而久之，西方民众就会自发地在自媒体和社交媒体上传播中国的经验。

中国本身是一部内容很丰富、故事很跌宕、跨度很漫长的一部大书。而且，每一个中国人都是这部书的内容因子。这就带来一个问题，我们怎样跳出我们所处的那一部分，站在更高的角度来翻阅中国这部大书，来读懂中国。

要读懂中国，就需要去读懂今天的这种局面，今天的生活是怎么来的？既要有纵向的思维，又要有横向的比较，还要跳出中国本身来看中国。就中国谈中国,有些问题不一定能看得清楚看得透彻。当你把中国放在世界大势面前,放在近代历史、世界历史当中来看,你会发现这个国家的变化有多么大,这个国家的经历有多么坎坷,她的奋斗是多么不容易。也就会明白,人民的诉求究竟是什么,中国为什么要走上自己的发展道路。